*뻐꾸기는
고향 산천을 두고
왜 뉴욕으로 갔을까요?

(*Photoed on Aug. 01 2025)

* 시골 우리 집
양양 현북면 상광정리
뒷산에서 여기저기 참새와 어울리며
피어나는 **참 나리 (tiger lily)** 내가 보고싶어
슬금 슬금 다가와 우리집 앞마당에서도
날 기다리고 있었지요
*Photographed On June23 2025)

*Tiger lilies are
one of the late-flowering plants,
blooming by mid to late summer each year.
While the flowers only bloom once
annually, the bloom period
can stretch into
early fall.

(Cited from Internet on August 11 2025)

* 이상록

1. **시인**
2. 영어강사/수필가
3. 미국 뉴욕 11년 거주
4. 시 등단 (2024), 시 신인상 (2025)
5. 강원도 양양 태생
6. 현북 초, 중, 양양고교
   청주 사범대학, 외대 eMBA
   미, 컬럼비아 대학
   영어 물결에서 헤엄치다
   시인이 되다

……………………………………

- 시집 1 … 처음 본 달
- 시집 2 … 산 너머 진달래
- 시집 3 … 능소화 피는 날
- 시집 4 … 뉴욕으로 간 뻐꾸기
- 시집 5 … 맨하탄 달빛 여인

……………………………………

- 수상1: *2025 봄, 샘문학 시 신인상,
- 수상2: *2025 가을, 한국문학 시 특선상
- 수상3: *2025 가을, 한용운 문학 수필 신인상

……………………………………

- 샘 문학 회원
- 동대문 문화원 회원
- 한국문학 회원
- 한용운 문학 회원

❉ 뉴욕으로 간 뻐꾸기 ....

* 산 하나 넘어가면
 논이 나오고 조금 더 걸어 산하나 또 넘어가면
 뱀이 지나간 방추골 밭이 나온다

 일어
 어서 가

 말 못하는 어미소를 데리고
 하루종일 그렇게 외치며 밭 가시는 아버지,
 지금은 어디에 계시는 지요

 학교 갔다
 돌아오면 방추골 밭으로 오거라
 공부하라는 말은 안 하고 아버지는 늘 그런 식이었다

 너 숙제했니, 공부 열심히 해라
 그런 말은 우리 집 앞마당에 홀로 서 있는 감나무가 다 주어 감춰
 내겐 들리지도 다가오지도 못했다

 나는 공부하고 싶은데...
 왜, 우리 아버지는 나를 그토록 붙잡고 일을 시켰는지 이해하기 어렵다
 중학교에 넣지 않아 1년 동안 아버지 따라 산으로 들로
 논으로 밭으로 ... 유디티 훈련소?

 중학교에 들어간 것이
 나에겐 큰 기적중에 기적이 되고 말았다
 그런 가슴 서늘한 경험을 하고 나서 시작한 중학교 공부는 너무나
 쉬웠고 누워서 떡먹기? ... 신선 노름?

아버지 몰래 입학을 하고
학비 충당에 어려움도 많았지만
그때마다 나의 신, 지극히 높으신, 아브라함 이름을 지어주신
거룩하신 분의 도움으로 꿈 같은 길을 걸어 온
것도 사실이다
아버지 때문에 학교에 다닐 수 없는 환경이었는데도
그 많은 과정을 다 헤쳐 나간 것은 두말할 것도 없이 하늘의
은혜였다고 나는 확신하고 있다
어머니는 일찍 돌아가시고 아버지는 돈 한 푼 주지 않았는데
어떻게 중, 고, 대학을 다닐 수 있었을까?
그것 또한 나의 기적중에 기적으로 여기고 싶다.

강원도 깊은 산속에 뻐꾸기는
살아서 울기도 하고 가끔 노래도 하며 자유롭게 살아가는데
나는 언제쯤 훨훨 날아갈 수 있을까
아주 아주 먼 곳으로 아버지 모르는 곳으로
정말 그렇게 생각한 대로 동경한 대로, 나는 어느 날 미국으로 떠나게
되었다 미국 입국 비자 받는 것도 당시엔 큰 어려운 일이었는데
그런데도 나는 2000년 12월 23일 칼 202호 타고 미국행 비행기에 몸을
싣는 또 하나의 새로운 모험 길에 올랐다
소설 한 권을 써도 재미있을
나의 미국 생활과 체험 아무 연고도 없이 아는 사람 하나 없었는데도
난, 11년을 영화 같은 시간을 보냈고 그곳에서도
시인이 될 뻔한 경험, 영어 회화책 12권을 지은 것은 나의
큰 자랑으로 여기고 싶다
모든 것을 아쉬움 없이 잘 마무리하고 돌아와 지금, 서울에 살면서
시 쓰기에 바쁜 나날을 보내고 있지요
일밖에 모르는 일벌이라고 할까 개미라고 할까 새로운 시집이 탄생할
때마다 큰 기쁨이요 보람입니다 영어 성경에
"Rejoice, rejoice always." 기뻐하라 항상 기뻐하라고 했지요
 그래요 어렵더라도 "항상 기뻐하고 웃으며 삽시다"
 웃는 사람이 가장 아름다운 사람이라는 것을...

(*2025 07 28 서울에서... 시인 이상록)

• 시집 4, "뉴욕으로 간 뻐꾸기"를

출간 하면서............

이번이 **4번째 시집**이 되었군요

1,2,3 시집에 이어, 이번에도 시 60편 (181~240편)을 게재 하였습니다
이번 시는 앞서 밝힌 바와 같이
미국 뉴욕에서 11년 살면서 보고 듣고 느끼고 체험한 것을 현지에서 쓰고
모아서 간직해 두었다가 이번에야 비로소
시집 4째로 "**뉴욕으로 간 뻐꾸기**" 제목을 달고 새로이
출간하게 되었습니다

시 3~4편을 제외하고는 다 미국에서 지은 시입니다
타국 생활을 하다 보니 아무래도 그리움이 주를 이루지 않았을까요
여러분도 미국에 꼭 가서
생활해 보시기 바랍니다 타국 생활 1년 이상 하면
다 애국자가 된다는 말이 있어요
내 조국이 있다는 건 얼마나 가슴 뿌듯한 일인지 해외 나가 보시면
절실히 느낄 수가 있을 겁니다
내 나라 내 조국, 한때는 사라진 적도 있었지요
그때 고생하신 애국자님들을 우리는 한시도 잊어서는 안 될 것 같습니다
목숨 바쳐 지켜 온 나라, 정말 잘 간직하고 잘 지켜 가야 합니다
바쁘다는 빙계로 내 일에만 내 가정만 챙기면 되지 하는 안일한 생각은
나라 주인 된 국민의 자세가 아닙니다 누가 알아서 다 해 주겠지
누가 해 주는 게 아니고 나 스스로 주인이 되어서 이 나라
대한민국 잘 성장해 나아갈 수 있도록 힘을 모으고
적극 협력해 나아가는 것이 주인 된 국민의
책무요 도리라고 여겨집니다

(2025 07 28. 서울에서... 작가 이상록)

☀ 시집 4를 쓴 이유·········

미국에서 11년 살면서 보고 듣고 느끼고
몸소 체험하며 쓴 것을 모아 두었다가 이제야 시 한 권의 책으로
출간하게 되었습니다
다른 시집보다 더 애착이 가고 더 소중하게 생각하는 것은
내 조국이 아닌 타국에서 아무것도 모르는
남의 나라에 가서 친지 지인 등
날 이끌어 주는 단,
한 사람도 없는 사막과 같은 불모지에서 11년을 견디어 내며 돌아왔다는 것이
저에게는 큰 행복 중에 하나가 될 것 같습니다
초기 미국 생활에 도움 주신 남 사장님, 그 이후 Sunny, Mellen Groove,
James, Steven, Martin 등 많은 분들에게도 감사를 전하고
싶은 마음에서 이 책을 출간하게 되었습니다
모든 것을 성공적으로 마치고 귀국하여 현재 서울에서
글 쓰며 나름대로 보람된 일을 하면서 바쁜 나날을 보냅니다
늘 이끌어 주시고
어려운 일 모두 다 해결해 주신 하늘의 신께 먼저 감사를 올립니다
육신의 부모님 다 돌아가시고 아무도 없을 때,
다가와 지켜주시고 돌보아 주셨으니
잊을 수 없습니다

"내가 너와 함께 하리라"

그렇게 말씀하신 분, 그분을 아버지라 부를 수 있는
특권을 받았으니 이보다 더 큰 은혜와 축복이 또 어디 있을까요
어려운 이웃과 함께 늘 울고 웃는 마음 여린 자연시인, 순수시인으로
더 가까이 다가가는 작가 이상록이 되겠습니다
이 책을 읽는 모든 분께 신의 은총이 언제나 함께 하기를 기원합니다
    (2025 09 23 서울에서... 이상록 드림)

◆머리말

미국 뉴욕에서 영어회화 책을 쓰다가 미주 한국일보 신춘 문예작품 응모공고를 보고 이에 작품 詩를 출품하게 된 것이 계기가 되어 詩를 더욱 활발하게 쓰게 되었고 그렇게 틈틈이 새 idea를 얻을 때마다 詩想을 정리하여 가다 보니까 어느새 책 한 권의 분량이 되었습니다.

이 책의 실린 시는 주로 작가가 어린 시절 바닷가에 가서 놀던 얘기, 냇가에서 고기 잡던 얘기, 산과 들에 다니며 자연을 보고 느꼈던 얘기, 시골의 목가적 풍경, 그리고 돌아가신 아버지를 그리워하며 이 시를 쓰게 되었고 마지막으로 미국 뉴욕에서 11년 살면서 느꼈던 것을 시로 옮겨 보았습니다.

시란 무엇일까요? 라고 누가 물어본다면 "詩란 그리움을 그려가는 그림이요, 향기요, 꽃이다"라고 말하고 싶습니다.

시의 의미를 한마디로 정의 할 수는 없지만 "詩란 옅은 구름에 가려진 반달."이 아닐까 하는 생각도 듭니다. 시의 영역이 너무나 넓고 높고 깊어 그 자체를 다 해부해 볼 수는 없겠지요 아마 여러분도 몇 편의 시는 다 써 보았을 겁니다. 특히 청소년기엔 이성을 그리워하고 작은 일에도 쉽게 반응하다 보면 편지를 쓰게 되지요 어쩌면 여러분 모두가 다 시인이라고 봐도 무방할 것 같습니다.

끝으로 제가 (2000~2011년) 미국에서 쓴 시를 읽고 여러분의 마음이 평화로워지고, 희망이 솟고, 조국에 대한 애국심이 생기고, 세계를 내다보는 넓은 안목을 가지며 또 그 무엇인가 알 수는 없지만 가슴 깊이 와 닿는 것이 있으며, 답답하고 꽉 막힌 마음이 시원스럽게 풀리는 것을 느끼며, 때론 눈물도 쏟아내는 여러분의 모습을 상상해 볼 수 있다면 저로서는 더 없는 큰 보람과 기쁨으로 생각하겠습니다.

=== (미국 뉴욕에서 ... 엘먼 이상록, March 13, 2011)===

◆ Union Street

* Bowne Street

목차

제 1부 ....

시 제 목	Page
181. 밭 가는 농부	19
182. 그 바닷가에서...	20
183. 봄을 기다리는 마음	21
184. 내 곁을 떠난 그 사람	22
185. 그리운 고향	23
186. 봄이 오는 계곡에서...	24
187. 첫 일터	25
188. 감나무 매미	26
189. 뉴욕 Maple Park	27
190. 겨울비	28
191. 황소의 이별	29
192. 고양이	30
193. 호숫가에서...	31
194. 봄이 오는 길목에서...	32
195. 신의 동산에서 ...	33
196. 강가에서 ...	34
197. 이별의 흔적	35
198. 벼가 익어 가는 들판에서...	36

◆목차

제 2 부 ....

199. 나무의 슬픔	39
200. 어미 새 한 마리	40
201. 미국 병사에게...	41
202. 설악산	42
203. 내 겨레여!	43
204. 인생	44
205. 동해 바다	45
206. 비	46
207. 너를 싣고 가련다	47
208. 빨간 고추잠자리	48
209. 폭포 (waterfall)	49
210. 방추골 콩밭	50
211, Murray Hill 역에서...	51

◆목차

제 3 부 ....

212. Steven Schneider	54
213. 남자의 여자로	55
214. 오월이 오면……	56
215. 하늘을 날자	57
216. 바보가 되고 싶다	58
217. 아버지 그리워	59
218. 떠난 건 나	60
219. 그리운 어머니	61
220. 눈이 오네	62
221. Daffodil (수선화)	63
222. Dandelion (민들레)	64
223. 할 미 새	65
224. 떠나는 마음	66

◆목차

제 4 부 ....

225. 추석 고향길	69
226. 현충일 (Memorial Day)	70
227. 광복절	71
228. 새해 새 아침	72
229. 젊은 날의 푸른 꿈	73
230. 밭	74
231. 심봤다	75
232. 구름 인생	77
233. 고목 나무	80
234. 명주사	82
235. 말하는 감나무	83
236. 뉴욕 총영사관	84
237. 비 오는 날	85
238. 나도 담쟁이	86
239. 뉴욕 가로수	88
240. A Poem Dedicated To Oprah Winfrey (헌시)	90

◆목차

제 5 부 (부록편) ....

1. 수필이란 95

2. 수필 엿보기
　　　수필 1 (우리글) 1, 뉴욕 Flushing 노던 150가　..........96
　　　　　　　　　 2. Kissina　Park 그 여인　.......98

　　　수필 2 : 영문 1~ 5까지　.............(101~116)

3. 추억의 사진 117
4. Flushing 사진 119
5. New York Streets 121
6. 하늘의 별을 보다........ 122
7. 좋은 시를 쓰려면 123
8. 시 창작은? 124

9. 영어 산책 126
10. 감사 인사 131
11. 시를 보다 잘 쓰려면 ....,,,,,,,,135
12. 미국 대학(원) 입학 준비절차는...........136
13. 예술에 혼을 담다 144
14. 하늘 은총에 감사하며 148
15. 수필가 등단에 오르면서............149
16. 시집 4, 마무리 하면서 150
17. 작가 프로필 153

● Let's take a break.

*When I was in Flushing,
Queens New York, I used to walk to
Kissina Park near my house. There were lots of
people who were gently running around
the lake in the park. I enjoyed
seeing neighbors who were
sitting on a bench and
talking joyfully.

　　　*In Flushing, I saw
　　the two churches so frequently.
Two years before I left New York they were
　　　　photographed by the
　　　　　writer Lee.

*알 림 ....

제 1시집 .... (001~060편 수록)
....
제 2시집 .... (061~120편 수록)
....
제 3시집 .... (121~180편 수록)
....
제 4시집 .... (181~240편 수록)
....
제 5시집 .... (241~300편 수록)
....

위와 같이 **시**의 일연 번호를 제목과
함께 게재하였습니다 시 한편 한편을 소중하게, 새 생명 탄생하듯
독립된 인격을 부여하여 앞으로도
계속 그 숫자를 붙이고 또 늘려 가도록 노력하겠습니다
늘 기도하는 심정으로 정성을 다하는 질 높은 시, **a sense of humor** 담은
체험시, 많이 써 올리도록 노력하겠습니다

네이버, 다음 포털싸이트에 들어가 격려해 주시면 더욱 큰 힘이
될 것 같습니다 인터넷 구매두요 ㅎ 감사합니다

(이상록 작가 올림 2025 09 24)

목차 ....

제 1부 ....
(시 181~198편)

During my childhood,
the rooster was one of my best friends.
I miss him more than
I can say here.

181. 밭가는 농부 ... 이 상 록

목이 탔을까
  사람 소리에 놀랐을까
    꿩 한 마리 푸르게 날아간다
     저 멀리 산 비탈에서
    농부는 밭 갈고
눈 덮여 묵었던 땅이, 검은 잠을 털고 흙이 되어가는 순간
몇 차례 산고의 고통을 겪으면, 일어나 생명의 꽃을 피울 것이다
  숨을 고르고 드러누운
    이랑과 이랑 사이에서 큰 물결이 요동친다
     황소의 발걸음에
    잠자던 녀석들이 혼줄이 난 모양이다
  지렁이 왈
개구리, 너 눈뜨고도 똑바로 못가니
  개구리 —
    봄은 구불구불 오는 거야
     나비 한 마리 웃음 움켜쥐고 날아 간다 / 떨어진다
    아버지 밭 가는 소리에 봄은
     떨어지고, 넘어지고, 가끔
      내~ 님처럼 걸어오고 있었다
     노란 마음 숨기고...

  이 상록 (Lee Sanglog), (Ellmorn Lee)
    140-11, Ash Ave., 1A, Flushing, New York 11355
    (March 10, 2011)

182. 그 바닷가에서...　　　　　　... 이 상 록

그 바닷가에
난 감춰 둔 것이 있다
철썩 쏴악~
오늘도 그 바닷가에는 해파리 12 마리

복사꽃 피는 마을
작은 보리밭 언덕 하나를 넘으면
바다가 보인다

지금쯤
조개와 소라
모래 속에서 날 그리워하고 있을까
그 바닷가
3형제 바위
그 위에 이름 올린 친구들
순식, 세모, 창욱, 상범... 오늘은 밤 하늘에서 파도가 친다

철썩 쏴악~
세월이 멈춘 듯
물에서 헤엄치는 아이들의 이야기
모래 속에서, 조개 속에서, 긴 동화가 되었을까
파도 소리 타고 벌건 아이들 웃음 소리가
들려온다
살구꽃 피는 마을, 하조대 앞바다에서 토끼 다섯 마리가
에덴 동산을 그리고 있었다

　　　이 상록 (Lee Sanglog), 미국 명(Ellmorn Lee)
　　　　　　140-11, Ash Ave., 1A, Flushing, New York 11355
　　　　　718-902-6756 E-mail: hingeline@yahoo.com
　　　　　　　(March 10, 2011)

183. 봄을 기다리는 마음   ... 이 상 록

산마루
마을 아래로 향하고 있는데...
강가 버들강아지
소복소복 살쪄가는 데...

노루 발자국 소리에
비탈진 겨울잠은
하나 둘 부서지고 있었다

성급한 개나리
한두 잎 꽃망울 피워 겨울 산을 유혹해 보는데……
북녘 하늘에서 날아온
철새들, 호숫가에서 고향 찬가를 부른다
알 수 없는 그들만의 언어
하루가 또 시끄러워져 가고……
눈, 비, 바람,
오늘도 세차게 나그네의 얼굴을 후려친다
얼음 지치는 아이들 손등에서
검은 겨울이 그려지고

철없는
그들에겐 즐거운 추억
봄은 아직 먼데...
노승의 마음은 텃밭을 향하고 있구나

이 상록 (Lee Sanglog), (Ellmorn Lee)
140-11, Ash Ave., 1A, Flushing, New York 11355
718-902-6756 E-mail: hingeline@yahoo.com
(March 11, 2011)

184. 내 곁을 떠난 그 사람   ... 이 상 록

호랑나비
푸른 잎 사이로
숲과
논두렁 작은 마을 지나

어디로
어디로 가는 걸까

산 하나 넘지 못해
풀숲에 쉬어 가겠지요

어둠 찾아와
달 뜨면 옛 추억 하나쯤 그리워하겠지요
난,
강가, 님 긋고 간
아픈 별

먼 먼
말없이 은하계로 날아가
별 뒤에 숨을래요
그대, 그대를 생각하며...

영원히,
영원히,
땅에서 볼 수 없는
아주 작은 별빛으로 그대를 비추어 볼래요

(2025 10 20 서울에서... 이상록)

185. 그리운 고향 … 이 상 록

소나무
우리 집 뒷산에서
꾀꼬리 노랫소리에 잠들어 있다

말은 안 해도
우린 서로 잘 아는 사이

사시사철 푸르게
옷 한 벌러 평생 살아
그래도
불평하지 않는다
가끔
까치도 다람쥐도
쉬었다
잠들다

그러다
맘에 들면 아주 터 닦고
한 살림 차리는 새, 깔까리
내 대신
고향 지켜줘 고맙다
미국 다람쥐, 도토리 나뭇가지 위에서 날 보고 있을 때
바람에 실려 온 낙엽 하나
내 마음 스친다
아, 달이다

이 상록 (Lee Sanglog), 미국 명(Ellmorn Lee)
    140-11, Ash Ave., 1A, Flushing, New York 11355
      (March 13, 2011)

186. 봄이 오는 계곡에서……　　　　... 이 상 록

겨울이
잠들어 있는 곳에서
가을 낙엽
떠나가지 못하고
아주 가지 못하고 계곡에 모여 산다
긴 겨울
바람 불고 눈 오는 날

산 토끼
퉁갈나무 아래서
긴 기도
가끔, 들려 오는 비둘기 소리
구~구

살그머니
바윗돌 밀어내고 일어나는 가재의 마음도
꿩 소리에

자유 찾아
님 찾아, 멀리멀리 날아가고 싶었을 것이다
계곡 속 더덕 이야기
향기로 날아
미국 뉴욕
맨하탄 거리에 뿌려질 날은?
내년 봄일까
갈매기,
CNN, Harvard 초대장 물고 날아올까

이 상록 (Lee Sanglog), 미국 명(Ellmorn Lee)
140-11, Ash Ave., 1A, Flushing, New York 11355
a77882799a@gmail.com (March 14, 2011)

187. 첫 일터　　　　　　... 이 상 록

초등학교 5학년쯤 되었을까
　5월 어느 날, 난 푸른 하늘 머리에 이고
　　냇가로 달려갔다.
　　　며칠 전 폭우에
　　그곳은 제법 물 불어 있었다
　냉이꽃, 패랭이꽃
물살에 씻겨
　하얀 뿌리를 드러내니 물고기가 덩달아 춤을 춘다
　　아무도 없는 넓은 시냇가에서
　　　오후 내내
　　난 외로운 어부의 아들이 되어 버렸다
　날 기다리고 있는
암탉과 수탉의 미소가 지는 해를 따라 내게 전해진다
　　그들의 저녁 만찬 —
　　　그날 오후 냇가는 나의 첫 일터가 되고 말았다
　　　　졸졸 사르르
　　　　　반나절 나의 품삯
　　　　　　암탉이 품은 알 하나

　이 상록 (Lee Sanglog), 미국 명(Ellmorn Lee)
　　　140-11, Ash Ave., 1A, Flushing, New York 11355
　　　　　(March 14, 2011)

188. 감나무 매미 　　　　　　　　　... 이 상 록

할아버지가
심은 감나무에서 매미가 울고 있다

그 소리에 잠시
책을 덮고 방에서 나와 뜰을 거닐어 본다
줄지어
서 있는 감나무
하나 둘 세어보니 모두 열두 그루

가족 수대로
나무를 심었을까
어느새
중년이 된 감나무에서
꽃이 핀다
매미가 운다

땅에서 7년
매운 시절 흙에 묻고 하늘 만들어
맴 ~ 맴 ~

사랑한다 ... 맴
우리 집에 놀러 와 ... 맴
잘 가 ... 맴
에센스 영어사전 195,700 단어, 감나무 매미 소리에
하나 둘 지워지고 있었다

　　　이 상록 (Lee Sanglog), (Ellmorn Lee)
　　　　　　140-11, Ash Ave., 1A, Flushing, New York 11355
　　　　　　　E-mail: hingeline@yahoo.com
　　　　　　　　　(March 14, 2011)

189. 뉴욕 Maple Park   ... 이 상 록

뉴욕 밤하늘에 뜬
보름달, 내 머리 위로 지나간다

외로운 하늘에서
잘 익은 단풍잎 하나를 ...

갑자기 먼 그리움
고향 달 다가와 나를 반기고 있다

나와 미국인
서울과 뉴욕,

난, 그 뜻을
더 깊이 알고 싶어 여기 서 있을까

단풍잎
떨어지는 숫자만큼
밤하늘의 별
내
가슴에 떨어지고 있었다

        이 상록 (Lee Sanglog), (Ellmorn Lee)
            140-11, Ash Ave., 1A, Flushing, New York 11355
            E-mail: hingeline@yahoo.com
                (March 15, 2011)

190. 겨울 비   ... 이 상 록

겨울에도 비가 온다.
가끔 길에서 나와 마주쳤던
다람쥐 온종일 보이지 않는다

며칠 쏟아지는 비 때문일까
사람들의 발길도 사막 풀잎처럼 뜸해졌다

길에서
방황하는 사람들
집이 없을까/일터가 없을까

처마 끝에서
빗물 쪼아 먹는
참새 한 마리 먼 산을 보고 절을 한다
이내
하얀 안개, 구름처럼 솟구쳐 오르며 목례를 한다

겨울에도
비가 온다.
마른 나무에도/내 기도 끝에도
산 계곡 타고 흐르는 물
마을 지나 냇가로 간다
모여서 모여서
하나가 되는
큰 강물이 되고 싶다

이 상록 (Lee Sanglog), (Ellmorn Lee)
140-11, Ash Ave., 1A, Flushing, New York 11355
(March 15, 2011)

191. 황소의 이별   ... 이 상 록

진달래 피는 마을에
    달구지가 지나간다.
        먼 길 여행 탓일까
            황소의 등판에서 연신 안개꽃이 피어오르고 있다

      빈 수레에
    할머니가 넣어 준 감자 몇 톨
  농부와 황소는
허기진 배를 강물로 채워 본다

철쭉꽃 피는 마을에
    황소가 지나간다.
        긴 세월의 정이
           오늘은 가시에 찔린 매화꽃이다

      몇 발 짝
    이별의 시간을 남겨 두고
말 없는 침묵만...

  눈물, 뚝방 너머에 숨기고
    까맣게 타다 남은 밤 송이를 본다
      이제 시작인가
        바람으로 스치는 매운 추억
        산길 하나
           지워지고 있었다

      이 상록 (Lee Sanglog), 미국 명(Ellmorn Lee)
          140-11, Ash Ave., 1A, Flushing, New York 11355
          718-902-6756 (March 18, 2011)

192. 고양이   ... 이 상 록

창문을 열어 보니
간밤에 자고 간 고양이 발자국 하얗다

새를 쫓다
지친 녀석이 길을 잃은 듯

어디서
주인을 잃었을까
깊은 사연이라도 ...
녀석은 가끔 우리 집을 찾았다

장터에서 가져온
생선 두어 마리 뒷 뜰에 놓아 보았다

밤이면 기다려지는
고양이가 낮에도 기다려진다

묵은 침묵
가지 부러지는 아픔

비가
쏟아지는 날
녀석의 마음을 알고 싶어
난,
오늘도 사랑방 문을 열어 둔다

      이 상록 (Lee Sanglog), (Ellmorn Lee)
          140-11, Ash Ave., 1A, Flushing, New York 11355
          (March 18, 2011)

193. 호숫가에서   ... 이 상 록

길을 걷다가
   문득 하늘을 쳐다 본다
      달 속에 긴 그림자
         누구의 것일까

저 풀숲
   밤은 깊어 가는 데
      잠은 자지 않고 노래를 부른다
         누구일까

저 호수
   불빛 받아 넘실넘실
      물속은 깊어만 가고 있는데
         가녀린 물살
            누구의 몸짓일까

이 밤
  움직이는 것은 다 그리움이요
     다 아픔이요
       다 사랑이요
         다 축복이었다

    이 상록 (Lee Sanglog), (Ellmorn Lee)
        140-11, Ash Ave., 1A, Flushing, New York 11355
        (March 18, 2011)

194. 봄이 오는 길목에서...   ... 이 상 록

긴 잠에서
깨어난 작은 생명체들---
하늘을 향해 힘찬 신의 찬가를...

물오르는
푸른 들판과 산길
도토리 새싹 수줍은 몸치장

저 멀리서
들려오는 농부가
풀숲에 숨어 지낸 지렁이도 꿈틀, 춤을 춘다

봄은 어디에…….
나의 꿈과 생명과 영혼은 어디에...

다람쥐가
사는 갈잎 계곡에서
겨울은 숨어 잠들고
아버지가 없는 산 아래 가시덤불 속
긴 검은 그림자
이끼 낀 고목 나무에서
아기 봄 하나 피고 있었다

　　　이 상록 (Lee Sanglog), 미국 명(Ellmorn Lee)
　　　　　140-11, Ash Ave., 1A, Flushing, New York 11355
　　　　　(March 20, 2011)

195. 신의 동산에서······   ... 이 상 록

신의 동산은
  어디에 있을까
    그 동산을 찾아, 나는 오늘 길을 떠난다
  산 넘고 들을 넘어 천리길
그 어디에도 신의 동산은 보이지 않는다
  허기진 배를 쥐고
    길가에 쓰러져
  보이는 것은 밤하늘 별빛 뿐...
별을 세다 은하수로
  내 기억이 흐려진다
    침묵은 두터워 지고
  먼 곳에서 전해져 오는 별의 이야기들
난, 오늘도 듣는다 눈으로 본다
    허드슨 강가에도, 은행나무 가지에도...
  바람이 남기고 간 언어들...
    모든 것은 용서하며
      모든 것을 인내하며/모든 것을 사랑하며······
        모든 것을 베풀며
          모든 것은 나누며
            모든 것을 돌보며...
              땅에서
                하늘의 언어가
                  생명체로
                      반짝반짝 비추고 있었다

    이 상록 (Lee Sanglog), 미국 명(Ellmorn Lee)
        140-11, Ash Ave., 1A, Flushing, New York 11355
    (March 20, 2011)

196. 강가에서 ...   ... 이 상 록

물살이 세차게
   몰아치는 강가에서
      물새들이 짝을 지어 새 생명을 잉태하고 있다
      간밤에 부어오른 물의 탓일까
      물고기는 연신 하늘 구경에 바쁜 하루
   저 멀리 학교 갔다 돌아오는 아이들
흰 조약돌 사이에서
   할미새 사랑방 이야기를 찾는다
      조심조심 숨어 보는 재미
     무수한 생명체
   도시에 지친 사람들, 이별을 슬퍼하는 사람들
강가로 가자 / 물새 보러 가자
   내 꿈과 소망, 하늘 높은 곳으로 날려 보내자
     정복하라 다스려다 사랑하라
       하늘에 떠가는 구름에 실어, 나도 가 보자
     오늘도 연신 아이 갖기에 바쁜 하루
   머릿속 자연의 맘으로 돌아가자
감추어진 저 거룩한 축복
   호박 줄기 타고 오른다
     손 내밀어 보자 / 다가가 만져 보자
     주인 없이 혼자 큰 호박
    속 마음
      강물보다 그대

이 상록 (Lee Sanglog), 미국 명(Ellmorn Lee)
(March 22, 2011)

197. 이별의 흔적   ... 이 상 록

뜨는 해와 지는 해가
시간을 둔 사이 이별의 흔적을 긋고 있었다

산언덕에서
초승달, 길 떠난 사람의 뒷모습

나뭇잎 날아가
겨울 동산
희미한 추억 저녁노을에 녹다
달 뜨면
난, 들로 산으로..
바람 불고 비가 와,
창가에 서면 그 한 사람이
바람으로

가을과 겨울
그 틈새에서 가을 감나무는 익어 간다
오늘 밤에도
눈은 내리고 있다
초롱불 켜진 외딴 마을 사람과 사람 사이
마음과 마음 사이
한 사람이 걸어오고 있다
내 마음 철로 위에 묶어 두고
그 한 사람의 흔적을
찾는다

이 상록 (Lee Sanglog), 미국 명(Ellmorn Lee)
    140-11, Ash Ave., 1A, Flushing, New York 11355
    (March 23, 2011)

198. 벼가 익어 가는 들판에서…   … 이 상 록

벼가 익어 가는 들판에서
　아버지는 혼자 김을 매고 있다.
　　참새 노랫소리 들녘에 퍼지면
　　책가방 던져 놓고
　나,
작은 산언덕에 올라 아버지를 불러 본다

아버지, 아버지
　　나무들도 나를 따라
　　　　아버지라 부른다
　　　하루종일 아들의 그림자를 그렸을까
　　허리 펼 시간도 없이
아버지는 늘 그렇게 …

봄, 여름, 가을
　　어미소와 함께한 긴 노동의 이야기
　　　뿌리를 타고 오른다
　　　　이마에서 흐른 땀, 이삭 아래로 흐른다
　　　벼가 익어 가는 마을
　　가끔 새들의 소란스런 말 잔치
　　　막걸리 한잔에 훠이, 훠이
　　　　참새와 아이들
　　　　　가을 햇살아래서
　　　　　　모두 가을 들판이 되어 가고 있었다

　이 상록 (Lee Sanglog), 미국 명(Ellmorn Lee)
　　　140-11, Ash Ave., 1A, Flushing, New York 11355
　　(March 25, 2011)

● Let' take a break.

*Manhattan streets
close to Times Square

제 2부 ....

(시 199~211편)

During my childhood,
the rooster was one of my best friends.
I miss him more than
I can say here.

199. 나무의 슬픔 　　　　　... 이 상 록

지난봄
아름다운 꽃을 피운 나무가
어쩐 일인지 아직 새싹을 틔우지 못한다
영문을 알아보려고
조심스럽게 다가가
몇 마디 말을 건네 보아도 나무는 아무 대답이 없다
내 허리만큼 굵어진 녀석
왜 무슨 연고로 그렇게 갑자기 가야만 했을까
아직
살아갈 날들이 모래알 같은데...
풀지 못하는 수수께끼를 안고
나뭇가지가 뻗어 있는 하늘을 쳐다본다

며칠 후 공원 지기에 의해
그 나무는 처량하게 잘려 나가고 그루터기만 남았다
다시 찾아와
나이테를 세어보니 중년의 나이였다

벌레 먹은 곳 하나 없는
건강한 녀석이 왜 그렇게 죽어야 했을까?
나무도 이별을 하는가 보다
님을 떠나보내는
슬픔
나이테를 바라보면서 그 위에 경전 한 구절을
새겨 놓았다

이 상록 (Lee Sanglog), 미국 명(Ellmorn Lee)
　　　hingeline@yahoo.com　 (March 25, 2011)

200. 어미새 한 마리 ... 이 상 록

호숫가에
어미 새 한 마리
하루해가 모자라 아직도 물레질을 한다

비둘기 숨어
사는 마을에 아기 달
어느새 나뭇가지 타고 뒤뚱뒤뚱 동산에

고향을 멀리 두고
호수를 바라보니 기러기 따라 멀리 가신
어머니 생각

잔잔한 호수 위에
단풍잎 같은 구름 한 조각
마음 몇 자 적어 호수에 뿌린다

푸드득,
푸드득 어미 새 한 마리가
어둠에 눌려 하늘을 날지 못하고 있다

호수에
숨겨진 숱한 비밀들
어미 새 한 마리가 그 비밀을 캐고 있을까
나도 그 비밀에 취해 호수를
떠나지 못하고 있구나

이 상 록 (Lee Sanglog), 미국 명(Ellmorn Lee)
718-902-6756 (March 25, 2011)

201. 미국 병사들에게…　　　　… 이 상 록

Kissina Park
작은 산언덕 6.25 기념비가
겨울비를 맞고 있었다

가까이
다가가 자세히 보니
한국 전쟁에서 싸우다 희생된 영령들의 이름이……
아~ 님들이
그렇게 내 조국 대한민국을 위해 싸웠구나
벼락같은 천둥소리
내 몸을 휘감기 시작했다

나는 누구인가

갈라진 남과 북, 녹슨 침묵
저 바다는 말한다 부서졌다 합쳐지는 파도처럼
"하나 되어라"
자유와 평화와 민주 정신의 혼을
이어가라/싸워라/지켜라
여기 미국 Kissina 공원, 조용히 말없이 흙에 묻힌
47,500 여 영혼앞에 무릎을 꿇는다
꽃이 되어 다시 피어 나소서
아, 어찌 잊으랴
님들을 …

　　이 상 록 (Lee Sanglog), 미국 명(Ellmorn Lee)
　　　　　140-11, Ash Ave., 1A, Flushing, New York 11355
　　　　　(March 29, 2011)

202. 설악산   ... 이 상 록

양양과 속초
그 절반 사이
파도를 보며 우뚝 솟아오른 바위산

하얀 꽃, 빨간 꽃
나무마다 아름답고 신비한 계절 꽃
산 위의 산,
구름이 지나간 자리

산이 좋아 산을 찾는 사람들
산이 좋아 산에 사는 사람들
오늘은 모두 산 위의
구름이다
동해바다, 떠오르는 일출
민족의 큰 꿈이 활활 타오르고 있다

아~
설악산
하늘을 찌르는 너의 기백
이 민족, 이 강산 위에 훨훨 뿌려다오

양양과 속초 사이
사람과 사람 사이
마을 인심과 소나무 송이 향 —
설악산 — 단풍이야기, 비룡폭포의 전설
오늘 우리 모두 신선이된다/ 그 산의 바위가 된다
갈잎속에 토끼처럼...

         이 상록 (Lee Sanglog), 미국 명(Ellmorn Lee)
             140-11, Ash Ave., 1A, Flushing, New York 11355
             (March 29, 2011)

203. 내 겨레여! ... 이 상 록

맑은 물
여름 바다 갈매기
산새가 노래하니 산 푸르다

내 조국 한반도
그 땅에 쌓인 침묵의 언어
한 하늘, 땅 두 조각
아~ 6.25

전쟁이냐 평화냐
겨레여! 동포여! 자유 민주 시민이여!
하나의 조국을 사모하자
갈등과 분열을 씻어내자

서로
화해하고 용서하고 사랑하자

새 소망,
새 꿈을 안고
앞으로, 앞으로,

민족의 소원,
이웃 사랑으로, 나라 사랑으로 ...
하나 되게 하소서
하나로 흐르게 하소서

    이 상록 (Lee Sanglog), 미국 명(Ellmorn Lee)
        140-11, Ash Ave., 1A, Flushing, New York 11355
        (March 29, 2011)

204. 인생   ... 이 상 록

풀잎에 숨어 있는
    바람 소리도 새소리도
        주어 담으라
            賢者는 때를 알고 미래를 준비하는 자
    무엇을 스스로
탐구하려고 노력하는 것, 바위틈에 숨어사는 잡초 뿌리 연구하는 것
    항상 겸손하고
        항상 배우는 일에 힘쓰자
            모든 것에서 배우고 모든 것에서 깨달음을 찾는 자가
        정말 현명한 사람일 것이다
    큰 뜻을 품고 나아가자
두 손 불끈 쥐고 적진을 뛰어드는 장수처럼
    멋진 기백을 보여다오
        비겁한 자가 되지 말자 / 중간에 서지 말자
            실패를 두려워하지 말자
        작은 시련에도 쉽게 굴복하지 말자
    시련과 역경은 큰 축복의 언덕
넘어지고 또 쓰러져도 다시 일어나자
    혹독한 겨울을
        이겨내지 못하고서야
            어찌 따스한 봄날을 ...
        인생이란 겨울 눈길 같은 것
    폭설을 보고 느끼고 걸은 자만이 누릴 수 있는 영광
        아, 봄이다
            봄을 만져 보자

    이 상록 (Lee Sanglog), 미국 명(Ellmorn Lee)
        140-11, Ash Ave., 1A, Flushing, New York 11355
        (March 30, 2011)

205. 동해 바다　　　　　　　… 이 상 록

이름만 들어도
　푸르르 가슴은 파도가 된다
　　어렸을 적
　　　나의 친구가 되어 준 바다
　　작은 바위 위에
　내 엉덩이 만한 추억 하나
거북이 끌고 가
　어느 바위틈에서 날 기다리고 있을까
　　멀리서
　　　바라본 바다
　　거기에 바다가 있었다
　　보리 이삭처럼 자라던 아이들의 이야기
소라 껍질 속에 묻혀 있을까
　아침 햇살은 찬란한데…
　　　바다 물살은 푸르게 빛나고 있는데…
　　　　우리 민족의 얼
　　그곳에서 피어 오른다
　　저~ 장엄한 동해바다 요동친다 솟아 오른다 힘이다
가슴을 늘려
　　길게 호흡을…
　　　　겨레의 숨결이
　　　　　민족의 맥박이 그곳에서 힘차게 힘차게
　　　　　　요동치게 하자
　　　　　　　불끈 솟아오르게 하자
　　　　　　　　에덴의 아침이여, 솟아오르라

　이 상록 (Lee Sanglog), 미국 명(Ellmorn Lee)
　　　140-11, Ash Ave., 1A, Flushing, New York 11355
　　　(March 31, 2011)

206. 비   ... 이 상 록

어제 떠난
님의 발자국 소리
오동나무 푸른 잎에 머물러
구름 낀
천둥 소리 타고 흐른다

강가에도, 우리 집에도, 노루가 사는 풀숲에서도...

대지의 작은 생명들
깨진 하늘로 솟아오른다 뛴다
춤춘다 노래한다

빠른 푸르름
콩밭에 숨어 기어 오르다 무당벌레 공연장, 새겨진 징소리
산 비둘기 쪼아

주룩주룩 빗물에
나뭇가지 타고 흐르는 사연
개구리
울음소리에 녹다
오늘은 먹구름, 내일은 안개구름
비—
오고 가는 사람들 사이에서 비벼대는 시소게임
그리움... 돌고 돌다
멧돌에서 멈춘다

이 상록 (Lee Sanglog), 미국 명(Ellmorn Lee)
140-11, Ash Ave., 1A, Flushing, New York 11355
Tel: 718-902-6756 (April 1, 2011)

207. 너를 싣고 가련다   ... 이 상 록

냇가에서
할미새 따라 피어있는 꽃
솔바람 솔솔

귀뚜라미
울다 남긴 이별 노래
짧은 시간
달은
저만치 가고 있구나

시냇물
달빛에 흐르고
난,
그날 밤
버드나무 아래서 춤추는 실버들

개구리
풀숲에 숨어 우는 밤 노래
산 아래 흘러가
구불구불 내 마음 휘감고 돌았지요

물길 따라
뱃길 따라 떠나가는 빈 배
너를 싣고 가련다

이 상록 (Lee Sanglog), 미국 명(Ellmorn Lee)
    140-11, Ash Ave., 1A, Flushing, New York 11355
    (April 2, 2011)

208.　빨간 고추잠자리　　　　　... 이 상 록

학교 갔다 돌아와
고추장에 고추 찍어 점심을 먹는다

푸른 고추
몇 개로 점심 뚝딱
이젠
도시에서 널 찾을 수 없구나

자연 그 맛
향기로운 푸른 맛
내 성격과 딱 맞는 너의 아삭아삭한 마음
어디로 흘러갔을까

먼 외딴 마을
7월 가지 끝에 머문 너의 마음
이 도시에서
그리워한다

시골 사랑방
그때 그 고추 맛은 어디 가고
빨간 고추잠자리만 식탁 주위를 빙빙
도시 가을 하늘을
맴돌고 있구나

이 상 록 (Lee Sanglog), 미국 명(Ellmorn Lee)
　　140-11, Ash Ave., 1A, Flushing, New York 11355
(April 2, 2011)

209. 폭 포   … 이 상 록

모여서
모여서 하나가 된다
마음과 몸이 부딪혀도
작은 파동만 있을 뿐 결국은 하나로 통한다

네 것이
내 것이 되고
내 것이 네 것이 된다

시간 따라
흐르는 것이 아니고 마음 따라 흐를뿐…

높은 자리에서
늘 낮은 자를 찾아 간다
위로해 준다 / 놀아 준다
가다가 힘들면 잠시 멈추어 준다
의지할 곳 없는 사람들 다 불러 모아
함께 울고 웃는다
모두가 한마음으로
이어지고 하나로 합쳐지면 또 길을 떠난다

가다가
아주 길게 떨어지면
비로소 나는 폭포
오래 머물지 않고 더 낮은 곳으로
나의 삶, 나의 길, 나의 소망 따라 가는 것 뿐
낮게, 낮게, 낮추어 가는 것 뿐…

         이 상록 (Lee Sanglog), 미국 명(Ellmorn Lee)
              140-11, Ash Ave., 1A, (April 8, 2011 작)

210. 방추골 콩밭   ... 이 상 록

상록아
예, 아버지

학교 갔다 돌아와
  방추골 밭에가서 콩밭을 좀 지켜라
    비둘기
      때문이다
    어쩔수가 없구나
  우리 아버지
유난히도 콩밥을 좋아 하신다 했더니...
    옥수수도 그렇구요
      그런데
        난, 그런거 별로 좋아하지 않는데...
    아버지가
  좋아하시니 나도 그 일을 도와주지 않을 수 없었다
책가방 사랑방에 던져 넣고 송아지처럼 뛰어 산을 넘고 언덕을 넘고 넘어
    방추골 밭으러 간다
      내가 가니
      벌써 비둘기가 밭에서 날아올라
    소나무 가지에 앉는다
훠이 훠이 새 쫓는 소리
    비둘기 우는 소리 언제나 구구
      나는 훠이 훠이,
        둘 사이의 신경전, 해가 지면서
          말없이 먼저 떠나는 비둘기
            내가 싫었을까 / 잠자러 가는 걸까

이 상록 (Lee Sanglog), 미국 명(Ellmorn Lee)
140-11, Ash Ave., 1A, Flushing, New York 11355
(April 8, 2011)

211.　Murray Hill 역에서…　　　… 이 상 록

Manhattan과
Long Island 사이가
너무 길어 Murray Hill 역이 생겼는가 보다
오랜만에
그곳을 찾아 잠시 가던 발걸음 멈추어
철 벤치에 앉아보니
나무 몇 그루가 하늘을 받쳐주며 Murray Hill 역을 지키고 있었다
오고 가는 사람들
그들은 무슨 사연을 싣고 기차에 올랐을까
사랑 찾아 길을 떠나는가
사랑 두고 길을 떠나는가
Murray Hill 역을
처음 찾은 날이 엊그제 같은데 벌써 10년이 흘렀구나
너를 두고 떠나더라도
이 나그네 옛정 잊지 말아다오
슬퍼지는 마음 사이로 갑자기 비가 내린다
Murray Hill 역 벤치에서
마지막 추억을 쌓으며 내가 없는 기차를
맘으로 타고 철로 위를 달려 본다
Murray, Murray, Murray ……
긴 메아리,
끝없이 날 쫓아 오고
있었다

----

　　　*이 상 록 (Lee Sanglog), 미국 명(Ellmorn Lee)
　　　　　140-11, Ash Ave., 1A, Flushing, New York 11355
　　　　　(April 25, 2011)

● Let's have a glance at the pics.

*Manhattan streets
close to Times Square

제 3부
(시 212~224편)

During my childhood,
the rooster was one of my best friends.
I miss him more than
I can say here.

212. Steven Schneider   ... 이 상 록

Lawrence Park
저기 한 사람
가을이 저물어 가는
어둑어둑한 시간, 날 멈추게 한
그대, 그대 이름은 Steven Schneider
오랫동안 말동무가 되어 주어 정말 고맙소
내가 가끔 풀이 죽어 있을 때,
그대는 늘 내게 이렇게 말했지

Don't give up!
Think positive.
See the bright side.
Be feisty(비 빠이스디)!
고맙소
그대가 던져준 따뜻한 말 모두
내 안에 깊이깊이 수선화 꽃말처럼 피어나리
친구여,
저녁노을 친구여
바람 부는 로렌스 공원이여,

"Steven, you are a good friend of mine. Wherever I go, I will think of you. I appreciate everything you gave me—especially time, good sense of humor, and great stories.
Wherever I stay, I will pray for you to God who might always bless all the two of us, "*Your true friend, Ellmorn Lee.*
         On April 26, 2011 Flushing, NEW YORK

주) Think positive(ly). 긍정적으로 생각하라.
     Don't give up! 포기하지 마라! See the bright side. 밝은 면을 보라.
     Be feisty! (비 빠이스디!) 굳세어라!

213. 남자의 여자로 ...   ... 이 상 록

떠난 님을
그리워하는 것은 남자의 몫이고
떠날 님을 염려하는 것은
여자의 몫인가

물이 흐르는
작은 냇가를 걷다가
주인 없는 다리를 본다
누군가가 그곳에 많은 이야기를 뿌려놓고
갔을까
그림도, 글씨도, 문자도, 부호도...
알 수 없는 냄새까지

내 주먹만 한, 남자의 낙서가 Flushing 어느 담벼락을
타고 기어오르고 있었다
남자, 남자, 남자...
잘 익은 알밤의 탈출일까
어둠 속에서 한 남자의 외침은 까맣게 타고 있었다
멀리 보이는 불빛을 찾아
한 사람의 검붉은 미소를 찾아
뉴욕 거리를 활보하는 머리가 긴 / 수염이 긴 / 다리가 긴
이 밤이 긴, 남자의 그림자, 저 버려진 숲속에
마음 하나 떼어 놓고 사라지는 저 남자—
저 바람 소리 —

Be a woman!   Be a woman!   Be a woman! ....

E-mail: hingeline@yahoo.com
           (엘먼 이상록 April 27, 2011 Queens, New York)

214. 5월이 오면…   … 이 상 록

화사한 꽃잎에
내 입술 모으면 그대 마음 열어 줄까

저녁노을에
타들어 가는 이 마음
강가에 앉아 님 그린 그리움으로……

푸른 잎새 나뭇가지에
찬란한 5월의 아침이 돋아나고 있다.

하루는 긴 여정
달빛에 백합 향기 피어오르는 밤
호숫가에 젖는 이 마음

우수수
떨어지는 이별 이야기—

그댄,
늘 먼 영화 속 주인공
5월이 오면, 오월이 오면……
난, 푸른 동산
언덕 넘는 멧 비둘기
한 철이 가고 또 한 철이 다가와

님 이여!
5월이 오면, 향기 머금은 꽃잎으로
다가 오소서...

E-mail: hingeline@yahoo.com (May 3, 2011 … Ellmorn 이상록)
(이 시는 May 27, 2011 미주 한국일보에 게재되었음)

215. 하늘을 날자   ... 이 상 록

하늘을 날자
푸른 초원 위로 하늘을 날자

이 산에서 저 산으로
푸른 꿈을 싣고 힘차게 날아가 보자

두 손 불끈 쥐고
네 자리에서 일어나 하늘을 보라
승리와 영광의 축배
너를 부르는 큰 함성의 메아리가 요동치고 있다

하늘을 날자
가슴을 활짝 펴고
인동초(忍冬草)의 삶처럼 모든 고초를 딛고 일어나자
활활 타오르는
저 한여름 태양의 狂氣로……
네 젊음의 기상을 마음껏 태워보라
실의와 좌절, 패배와 절망……
모든 것을 털고
네 소망이 있는 곳으로, 네 꿈이 있는 곳으로
힘차게 날아가 보자
수렁에 빠진자
실패한자, 깜깜한 자, 일어나 뛰어가라
네 자리를/ 네 고향을/ 떠나라
아브함이 그랬던 것처럼
떠나야 산다/ 떠나야 이룬다/결단이 삶이다
낮에 울지 않는 새
부엉이 —

     E-mail: hingeline@yahoo.com
        (May 10, 2011 엘먼 이상록, Kissena Park에서)

216. 바보가 되고 싶다　　　　... 이 상 록

내가 너에게 준
모든 것을 기억하지 못하는 바보가 되고 싶다

누가 나에게
주먹질해도 꿋꿋이 참아내는 바보가 되고 싶다
세상에
빛을 주고 간 많은 사람들……
그 영웅들의 은혜를 다 기억하지 못해,
나무 뒤에서
울어대는 바보가 되고 싶다
내가 가진 것을
이제라도 모두 내어 주는 바보가 되고 싶다
머리를 비워
하늘의 신비함을 체험하는 영리한 바보가 되고 싶다
바보가 되어
바보의 친구가 되고 싶다
늘 주고 싶고
늘 가까이 다가가고 싶고
늘 웃고 사는 ...
모든 것을 잊고 사는 송아지 마음
바보라서 즐거운 하루—
뜰에선 해바라기
곁에서... 　늘 하나만
바라보고 붉게 웃는 너—
맨드라미—
(cockscomb)

　　　　E-mail: hingeline@yahoo.com,
　　　　　(May 17, 2011 엘먼 이상록)

217. 아버지 그리워…   … 이 상 록

기차를 타고
　여행을 떠나 볼까
　　산이 좋아 산에 사는 아버지, 무엇이 그리 좋아
　　　피앗골을 떠나지 못할까
　　뻐꾸기 울음에 반했을까
　　꾀꼬리 울음에 반했을까
겨울이 가고 봄이 오면
아버지 손잡고 기차 여행 떠나고 싶다
　　산 너머 구게골
　　　　그 깊은 골짜기 논에서 밭에서
　　평생을 다 바치신 아버지, 우리 아버지
　　한 많은 이 세상
무슨 일 그리 많았을까
　　아버지, 어미소 앞세우고 산 넘어가시는 우리 아버지
　　　꿩 우는 소리에 아버지 생각
　　흘러가는 저 구름, 아들 마음 알고 있겠지요
주룩 주룩 ---
　　　　Murray 역 은행나무 가지 타고 흐르는 빗물
　　　　　공허한 내 마음 알고 있겠지요
　　　　　　아버지 따라 작은 비탈길
　　　　　　　희가 사는 마을 지나,
　　　　　　　　바다로 간다
　　　　　　　　　해당화 피는 소리
　　　　　　　　　　여기에서 듣는다

E-mail: hingeline@yahoo.com,
(엘먼 이상록 May 19, 2011, Murray Hill 역에서)

218.　떠난 건 나　　　　　... 이 상 록

떠나간 것은
다 그리움 인가

스쳐 지나간 바람
나는 산길을 오르다 내 키보다 큰
풀숲에 숨어 본다
그 속에
작은 생명체들...
모두가 바쁜 걸음을 하고 있었다

떠난 걸까
숨은 걸까
숲속에서
작은 벌레에게 질문을 했다
대답 대신
가만히 지켜보는 나에게 다가와 내 몸을 타고
기어 오른다
무슨 말을 하려나
처음 보는 내가 신기했나 보다
이 세상 떠난 것은 없었다
잠시 멀어진 것 뿐,
바다 하나 사이 떠난 건 바로 나, 나였다
떠남은 또 다른 약속, 그 속에서
진실이 핀다

E-mail: hingeline@yahoo.com,
(엘먼 이상록 May 20, 2011, Flushing, Queens, New York)

219. 그리운 어머니   ... 이 상 록

낙엽 따라
정 남기고 산에 묻힌 어머니
오늘은 그 산에 오르고 싶습니다

철쭉꽃 필 무렵
들에서, 산에서 나물 캐시던 어머니
오월이 오면 그 산에 오르고 싶습니다

비가 오면
더 그리운 어머니
이제 그 산에 오르렵니다

병아리 두고/ 고양이 두고
그렇게 일찍 떠나야 할 이유가 있었는지요
봄이 오면 봄꽃으로... 가을이 오면 가을꽃으로
그 향기 입 맞추며 어머니 모습 그리렵니다
어머니, 어머니,

산에 묻혀 산에 사는 어머니

먼 뉴욕
달빛 아래서 그 산 메아리
Hudson 강가에 흐릅니다
아, 이 밤이여

(엘먼 이 상록, June 4, 2011 미국 뉴욕에서……)
140-11, Ash Ave., 1A, Flushing, New York 11355
hingeline@yahoo.com

220. 눈이 오네 ... 이 상 록

눈이 오면
눈이 오면

나는
책을 읽다 창밖을 본다

하늘 끝은 어딜까
내 그리움 끝은 어딜까

끝없이 내려오는 그리움이여
소리 없이 다가오는 님의 향기여,

내 속에
스며드는 한 사람이 그리움이다 하얀 밤, 까맣게 밤 타는 소리
할아버지 손에서 익어 가

감나무에서
겨울을 붙들고 있는 홍시 하나
숨겨둔 아버지 마음

미루나무 지나
마른 풀밭을 지나, 대밭에 이르면 뽕나무가 자란다
노래 하나 잘 불러 명순이 정순이 녹여 봐라
아버지 마음, 부엉이 마음,
그 산에 묻힌 아버지 오늘도
날 응원하고 있었다

(엘먼 이상록, May 26, 2011)
hingeline@yahoo.com

221. "Daffodil"(수선화)   ... 이 상 록

내가 지금
이 자리에 서 있는 것은
바로 당신이 있었기 때문이지요

바람이 나의 몸을 휘감아도
내가 참고
이겨 낼 수 있었던 것도
바로 당신이 있었기 때문이지요

뻐꾸기,
사람 소리 그리워도
오직
당신 한 사람, 그대만을 기다렸죠

새 하늘이 열리고
나의 날개가 펴지면
난
산 넘어 당신을 찾아 날아갈 거예요

혹 당신을 만나지 못하고
화려한 봄날이 다 가버린다 할지라도...

난, 난,
그 산언덕 소나무 밑에서 (월리마을을 내려다보는)
2026년 11월 25일 오후 3시부터 기다리고 있을 겁니다
노란 손수건 걸어 두고, 그대 희 ―
그림자 보일때까지...

(엘먼 이상록 May 26, 2011)

222. "Dandelion"(민들레)　　　… 이 상 록

Kissina Park,
그곳에 호수가 있다
오리가 있다

사계절 돌고 돌아 그 호수에
머물면…
어미 오리
신부되어 12마리 아기 오리 거닐지요
호숫가에
한 소녀 ― 나비가 되어 날아 오지요
민들레 피지요
저만치
앞서가는 그 여인
어느 나라에서 왔을까
걷다가 뛰기도 하고 쉬기도 하고…
그 한 사람이
노란 발자국을 남기고 있다
호수에
도토리나무 위를 오르내리는 다람쥐
날 보고 인사를 한다
응원한다

리조이스
리조이스

―――――――――――――――――――――

=(엘먼 이상록, May 27, 2011 미국에서)=

223. 할미새   ... 이 상 록

할미새
할미새

냇가에서
혼자 사는 할미새

꼬랑지 살랑살랑
마음 흔들어 살랑살랑

미운 아이
이름 붙여 할미새라 하였지

계곡따라
마을길 따라
흘러 흘러 우리 마을 지나가는 시냇가에서

어쩌다
님 만나
여름 한철
태양아래 뜨거운 사랑

조약돌에 숨겼지
모래 숲에 숨겼지

하늘 날다 떨어진 마음
한 소녀 몰래 사랑한 내 마음 그대
할미새는 알고 있겠지요

=== (엘먼 이 상록, May 27, 2011) ===

224. 떠나는 마음　　　　　... 이 상 록

어제 왔는데
비행기 타고 왔는데...

밤길에 떨어진
JF Kennedy International Airport

공항 택시
날 태우고 어제 브롱스 갔는데...
어느새
11년 세월이 흘렀구나
아는 사람 하나 없이
날 인도할 친인척 하나 없이 잘 버티다 간다

깜깜한 밤
깜깜한 도시 Flushing, Queens 거리에서도 잘 살았구나
잘 견디어 냈구나
고맙습니다
날 도와준 미국, Queens 여, 그대여
한국으로 돌아가도 나는 이 도시, 이 나라를 잊을수 없구나
날, 따라 오겠다고 따라다닌 고양이를 몰래 두고 가는
이 마음, 아프다 / 시리다 / 차다
그래 언젠가는
다시 돌아와 보리라
여왕 오리여!
New York 이여 —

.　　　(엘먼 이 상록, May 27, 2011 ... 뉴욕에서)

● Let's have a glance at the pics.

*Manhattan streets
close to Times Square

제 4부

(시 225~240편)

During my childhood,
the rooster was one of my best friends.
I miss him more than
I can say here.

225.　추석 고향길　　　　　　... 이 상 록

8월 보름
마음은 벌써 고향길에 서 있네

한해
농사 지으시랴
아버지 손발 다 닳으셨으리라

어머니 없이도
벼는 잘 자라고 있을까

미꾸라지 숨어 사는
작은 마을에도 보름달은 피어 오르겠지요

내가 오르던 그 언덕길
소나무, 날 기다리고 있겠지요

고향 떠난
시간만큼 고향 떠난 거리만큼

그리움도 커
멀리 뉴욕에서 어린시절 그 바닷가
파도 소리 듣는다

(엘먼 이 상록 June 1, 2011 미국에서---)
hingeline@yahoo.com
160-11, Ash Ave., 1a, Flushing,
New York 11355

226. 현충일 (Memorial Day) ... 이 상 록

6월6일 현충일
이 땅에 고귀한 생명을 주시고
홀연히 저 하늘로 떠나가신 님들이시어

오늘은
님들이 그립습니다
살아서 이 땅에 눈물 흘리고
전선에서 적의 총탄에 피를 흘리며
마지막 순간까지도
대한민국을 품에 안고 조국 땅에 쓰러진 님들을
어찌, 어찌 잊을 수 있으리오

무덤가에
민들레, 제비꽃, 피었습니다
땅에서도, 하늘에서도
님들이 있어
대한민국이 있고 저희들이 있습니다

미국
젊은 병사들이여
하버드 예일 스탠포드 ... 47,500 여 꽃다운 영혼이여
다시 꽃으로 피어나소서
오늘은 비가 온다
푸른 비가 온다
주룩주룩 ...

(엘먼 이 상록, June 2, 2011 미국 뉴욕에서-)
hingeline@yahoo.com

227. 광복절

... 이 상 록

8월15일은 광복절
1945년 일제 치하에서 해방된 날

아! 그날을 어찌 잊으랴
고귀한 자유와 권리를 빼앗기고
모진 고문과 학대와 멸시를 당하며 겪은 수모와 고초를 ……

자유는 피의 댓가
잊지말자 기억하자
오늘이 그날 8.15 해방된 날

아는가
모르는가
광복의 의미를

우리가
해야 할 일을 생각해 보자
나라 잃은 36년---
누구를 미워할 건가
힘에는 힘으로 맞설 수 있는 힘을 기르자
내가 있고
조국이 있는 것이 아니라
조국이 있고 내가 있다는 사실을
인식하자
광복의 진정한 의미는 나를 다시 찾는 것,
주인 정신 갖는 것
지난 것은 다 용서하자 / 화해하자
더 강한 자가 되자

(엘먼 이 상록, June 2, 2011 미국 뉴욕에서--------)
140-11, Ash Ave., 1A, Flushing New Yor 11355

228. 새해 새 아침　　　　　... 이 상 록

푸른 바다 저기
갈매기 힘차게 날아오르고 있다

꿈 실은 물살이
하늘 높이 치솟는다
태양을 밀어 올리는 물결이 힘차게 힘차게

이 민족 이 강토에
축복이 강물로 넘쳐라
꿈을
희망을 /평화를
사랑을 / 민족의 슬기를

저 타오르는
태양의 열기로
부활의 불길로 다시 태워보자

겨레여,
하나 된 민족이여

날이 밝았다
새 소망 새 꿈을 안고
내 조국, 내 산천을 마음껏 꿈꾸며 안아보자

큰 꿈을 꾸어보자
높이 높이 날아가 보자
훨훨 날아가자

(엘먼 이상록, June 2, 2011, 미국 뉴욕에서---)
a77882799a@gmail.com
140-11 Ash Ave., 1A, Flushing New York 11355

229. 젊은 날의 푸른 꿈　　　... 이 상 록

약동하는 신록의 계절을 찾아서
　생명의 힘이 넘쳐나는 폭포를 찾아서
　　붉게 타오르는 저 5월의 장미를 바라보며
　　　은하계로...
어두운 터널을 지나
　칠흑 같은 먹구름을 지나
　　강하게 힘차게 위로 위로 솟아 오르자
　가슴을 넓혀 들을 품고 산을 품고
내 젊은 날의 꿈을 그려보자
　시련을 거쳐 연단을 거쳐
　　꽃길은 저 멀리... 게으름도 저 멀리
　　　약한 자여 게으른 자여 일어나라
　　꿈을 꾸자 꿈을 펼치자
계획하는 자, 이미 절반은 이룬 셈
　꿈에 혼을 담은 자, 이미 다 이룬 것
　　땅은 꿈을 가진 자를 위해서
　하늘은 꿈을 펼치는 자를 위해서
젊은 날의 푸른 꿈,
　가슴을 펴고 날개를 펴고
　　하늘 구름 위로 날아가 보자
　　　날개 치는 자 날 것이다

　（엘먼 이 상록, June 3, 2011 미국 뉴욕에서---）

230. 밭 ... 이 상 록

땅 땅 땅
땅은 누구의 손 안에 있나

밭 밭 밭
밭은 누구의 손 안에 있나

조용히
농부의 손으로 이어지면서 땅은
흙이 되고 밭이 되어 간다

멧 돼지가 밟고 간 땅
그 속에
거룩하고 숭고한 숨결이 숨어 있다

땅은
아벨의 피를 보면서
가시나무가 솟고, 칠레 꽃이 피었으리라

심은 대로
거둔다는 하늘의 언어가 땅에서 밭에서
우리 마음 밭에서
자라나고 있었다

(엘먼 이상록, July 4, 2011 뉴욕에서……)
E-mail: a77882799a@gmail.com
140-11, Ash Ave., 1a, Flushing, New York 11355

231. 심 봤다 ... 이 상 록

평생
한번이라도
그런 말 해봤으면 좋겠다

산에서
깊은 산에서 심봤다

허허
재수 좋은 사람이군

내가 초등학교 다닐 때
원식이

한 반에 60명
그중에서 내노라 하는 아이들도
원식이를 만나면 황소 앞에 당나귀

원식아
너 뭘 먹고 그렇게 힘이 센가
물었더니...
산삼 뿌리 하나를 먹었다고 했다

아, 그렇구나
집에 가서 어머니, 나는 왜 삼산 먹이지 않았나요
물었더니...

너도 기회는 있있는데
쌀 한 말이 없어서 못샀다
에그ㅡ
이럴수가

산삼 —
하늘에서 내려온 것일까
사람이 심지 않은 삼
산에서 저 홀로 자란 것이 산삼이라고

필자는
산삼을 사진으로만 봤을뿐
실물을 본적이 없다
식물의 귀신
심봤다 외치면 그 삼은 이미 다른 곳으로 가버려
찾아내기 힘들다는 이야기도 전해질 만큼
신비로운 식물이다

죽어가는 사람도
살린다는 산삼, 과학으로
풀 수 없는 수수께끼 같은 이야기

호랑이가
사는 산에서 저 홀로
무럭무럭 자라나고 있는 녀석
나도 한번 만나보자

심 봤다
신을 보는 만큼이나 어려운 존재

나 여기 있다
착하게 산 사람만 산으로 올라오거라
설악산 일까 / 백두산 일까
힘 자랑 하고 싶은 남자들 곰을 찾지 말고
산삼 어른 만나 보시길...

(엘먼 이상록, June 12, 2011)
a77882799a@gamil.com
140-11, Ash Ave., 1a, Flushing, New York 11355

232. 구름 일생   ... 이 상 록

나를 낳아 준
이가 누군지 기른 이가 누군지
바람이 이리 가라 하면 이리 가고/ 저리 가라 하면 저리 가고
허공을 떠돌다 허공에서 잠자는 나,
나는 바람 나그네

가다가 힘이 다하면
정자나무 그늘에서 쉬어 가고
쉬어가다 바람의 명령이 떨어지면 또 걸어가고
그러다 지쳐 쓰러지는 날이면
난, 어린아이처럼 엉엉 우는 울보가 되어 버린다

자식도 없고
부모도 없고 고향도 없는 외톨박이
먼 산을 바라보다
그리움 돋아나면 내 눈물은 이슬비가 된다

사막의 풀 한 포기
그 생명까지도 지켜주고 사랑하지만
때로는 천년 묵은 나무도 사정없이 후려쳐
죽음에 이르게 하는 폭군이 되기도 하지

아무것도 가진 게 없으면서
모든 것을 내어 주려는 난, 바보
모든 것을 가지고도 아무것도 쓰지 못하는 너도 바보
바보가 모여 더 큰 바보가 되고
바보가 사는 동네에서 바보가 되었다
그러다 미친 사람을 보면
또 미친 사람이 된다

그 무엇에 미치고 싶어
밤이고 낮이고 부르짖어 천둥을 만들고 소낙비를 만들었을까

생명을 가진 자들은
다 내 손안에 있고, 그런 생명을 가진 자들이
나를 위해 무엇을 했고 무엇 주었는가

아무것도 바라지 아니하면서
모든 것을 느끼는 존재, 사람들의 관심이
내게서 멀어지면
칠흑 같은 장맛비에 내 질투와 분노를 사정없이 쏟아붓는다

존재의 뿌리도 없이
달을 밀고 별을 밀며 영겁의 세월을 이어왔다
없으면서 있고, 있으면서 없고
정처 없이 떠돌다 지쳐 바다에 떨어져 눕기도 한다

산다는 의미를 얻기 위해
구도자가 되기도 하고 세상의 이치를 부셔 또 다른 세상을
만들기도 한다

하늘은 늘 그 자리에 있고
나는 늘 그 자리에 없다 둘이 합쳐 세상을 만들고 둘이 합쳐 세상 살림을
꾸려 가고, 먼 들판에서 농부의 하루를 훔쳐보다
강물에 빠져 안개가 되기도 한다

하늘의 기운을 모두 모아
거룩한 땅에 뿌린다 어디론가 홀연히 가버리면 그것이 우연이 아니라는
것을…… 높은 곳과 낮은 곳의 생명이 나에게 있음을……
그 신비한 우주의 일부를 가슴에 담으려 하는
선한 사람을 찾아서……

가고 또 간다
나는 두려워하는 자도 없다
나를 두려워하는 자도 없다

그래서
천년을 살았고
또 천년을 이어가며 살아갈 것이다
허공에 뿌리를 내리고...

땅에 것은 잠깐
잠깐 머물다 가는 곳

그래도
구름은 비를 내려준다
자비를 뿌려준다
지렁이에게도
잡초에게도
하늘 같은
사랑을...

(엘먼 이상록, June 16, 2011)
a77882799a@gmail.com
140-11, Ash Ave., 1a, Flushing,
New York 11355

233. 고목 나무   ... 이 상 록

낮달에 취한
   고목 나무가 하늘을 쳐다 본다
      가지 몇 개를 붙들고 꽃망울도 틔어본다
   그러다 힘이 부치는지 바람의 무게에 파르르 떨고 있다
밖으로 뻗어 나온 조그마한
   아기 가지에서 걸음마를 하며 새 생명의 입을 연다
      나이가 많아도 제가
   하고자 하는 것은 다 하고 싶은 모양이다
잎에 푸른 색깔을 입히고 다른 나무와 경쟁을 하기도 한다
   아니 그냥 경쟁이라기 보다는 자연이 주는 혜택을
      조금은 누리고 있는 것 같아 보였다
   고목 나무란
다만 그 나무가 이 세상을 오래 눈 감고 살았구나
   하는 느낌을 주는 것, 그것 뿐일까
      그리고 나뭇가지가 여기저기 썩고 또 부러지고
   어쨌든 외양이 정상이 아니라는 것,
그래서 일까?
   딱따구리 한 마리가
      그 나무에 매달려 연신 쪼고 또 쪼고
   그건 구멍을 내어 제집으로 사용하려는 의도로 보였다.
고목 나무는 아무런 반항도 없다
   죽은 사람처럼 그저 말이 없다.
      그래도 난,
   그놈의 딱따구리를 방해하고 싶지 않아
한참 거리를 두고 서서
   바라고 있다 보니 나도 그 고목 나무가 된 느낌이 들었다.
      그러다 갑자기
   나타난 다람쥐가 후다닥 그 나무 위를 오른다
무슨 급한 일이라도 생겼나

쫓는 사람도 없는 데, 녀석은
늘 그 무엇에 쫓기는 듯 항상, 그런 표정이었다
　　그런데 그 고목 나무에는
　　　　또 하나의 구멍이 파져 있었다.
　　그게 바로 그 다람쥐의 집--- 딱따구리가
파 놓고 살다 다른 곳으로 이사를 갔든가
　　아니면 다람쥐가 그 집을 빼앗아 사용하고 있을지도 모른다
　　　　천성이 순하고 순한 다람쥐도
　　제 새끼를 둔 집 근처에 내가 우두커니 서 있으면
가라고 소리 지르며 위협했던 기억을 떠올린다
　　그런 경험이 있어서 그런지
　　　　분명 딱따구리가 집을 빼앗기고
　　다시 구멍을 뚫어 집을 만들고 있다는 생각이 들었다.
고목 나무 ㅡ
　　다람쥐와 그 딱따구리를 언제든지 제 식구로 맞이한다
　　　　하지만 나이 어린 젊은 나무는 그런 것을 허용하지 않는 듯
　　나무가 나이를 먹고 어른이 되고 그 어른의 어른이 되면
수도 스님처럼 그렇게 넓은 아량과 도량을 지닐 수 있는가 보다
　　팔, 다리, 허리
　　　　그리고 몸통까지 내어 주는 고목 나무
　　지난 여름 폭풍우에 내노라 하는 나무가
다 쓰러지고 부러지고 하였건만 고목 나무는
　　아무 일 없었다는 듯, 의연한 자태를 보여주어 삶의 지혜와
　　　　노련미가 느껴졌다 나무가 생을 다하고
　　그 자리를 비우면 또 다른 생명이 그 자리를 차지할 것이다
그래서 인생은 윤회요
　　원이요 돌고 돈다고 할까
　　　　고목나무는 죽어가는 것이 아니라
　　　　　　또 하나의 세상을 물려 주고 있었다

....

　　(엘먼 이상록, June 19, 2011) hingeline@yahoo.com

234. 명주사   ... 이 상 록

달빛 실어 나르는
계곡 물살이, 명주사 이끼 바위를 지난다

앞뜰에 벚나무
뒤뜰에 소나무
바위 위로 스쳐 지나간 세월

오늘은
여름 바다를
밀어내는 바람이 분다
땅 기운을 차고 솟아오른 수목들도 하나, 둘
고개 숙여 꿈을 꾼다, 꿈을 턴다

이른 새벽
산사 예불 소리

다람쥐 위해
그 자리에 늘 서 있는 도토리나무
날 위해 그 자리에 늘 서 계신 우리 아버지
나는 누구를 위해

명주사
주지 스님의 목탁 소리
똑 똑 똑
알밤으로 구르다 다람쥐 입에 물린다
다람쥐 한 마리가 산사를
지키고 있었다

    (엘먼 이상록, July 7, 2011)
        140-11, Ash Avenue, 1a, Flushing, New York 11355
        a77882799a@gmail.com

235. 말하는 감나무　　　　　... 이 상 록

우리 집 뜰에
가족 수만큼 늘어선 감나무

학교 갔다
돌아온 나를 끌어안는다
책가방은
어디 있을까

뒷마당에서 날 보고 쫓아 오는 수탉
암탉은 알 하나 놓고
노래 한 곡조
돼지 울 안에서
꿀꿀대는 암퇘지
안에서 빙빙 스파링하듯 알리처럼
몸 풀고 있었다

난 오늘도
감나무에 올라 바다를 본다
저 넓은 수평선
저 바다는 누가 만들었을까
해마다 11월이 가고
12월이 다가오면 할아버지가 더욱 그리워진다
홍시는 내가 다 주워 먹고 있는데
감나무 심은 할아버지는
늘 모르는 체
방에 들어가 겨울옷으로 갈아입고 있을 때
감 홍시 하나 뚝
내가 너희 할아버지야
감기 조심해라

(2025 10 15 서울에서... 이상록)

236. 뉴욕 총 영사관 ... 이 상 록

시원한 산들바람이 분다
  그 바람 타고 풀잎향기가 전해진다
    맑은 물소리도 전해진다
      어느 아름다운 계곡에 와 있느냐구요
    어제 난, 뉴욕 총영사관을 찾았다
  그곳에서 그러한 느낌을...
사람이 꽃보다 더 아름다운 것은 진실이 있기 때문일 것이다
  엷은 미소가 있기 때문일 것이다
    그곳에서 일하는 직원들에게서 난, 그러한 느낌을 받았다
      집으로 돌아오는 발길이 가벼웠다
    기분이 좋은 하루였다
  차제에 당부하고 싶은 말이 생각났다
뉴욕 총영사관직 원들에게도 우리의 엷은 미소와 친절을 보내자
  우리 주위가 더욱 시원하고 아름다워질 것이다
    먼 훗날
      코스모스 피어나는 들길을 걷다가 구름 한 조각에 넘어지면
    뉴욕 총영사관을 다시 바라볼 것이다.
  지나간 추억 여행에서도 어제의 그 엷은 미소와 친절---
봄이 되면 봄꽃으로 가을이 되면 가을꽃으로
  아름답고 소중한 추억으로
    오래오래 피고 또 피어날 것이다
      이 모든 것이...

(*김인태 영사님, 김재성님,
그리고 여권 담당 직원께도 감사를 전합니다.)
-이상록(Flushing, July 13, 2011) -

237. 비오는 날 ... 이 상 록

빗길을 걷다
발걸음 멈춤 생각 멈춤
구름 아래서 꽃 한 송이를 바라 본다

비가 와도 바람 불어도 웃고 있다
다가가 말을 걸어 본다
웃음 뿐이다

비는
멈추지 않고 계속 온다
떠나고 싶어...
나 혼자 가기 싫어
너도 같이 갈래 웃음뿐 또 말은 없다

땅속에 속마음
깊이 감추고 서 있는 너
그래도 웃어 주어 고맙다 기뻤다
네가 있어
고마운 하루 기쁜 하루
돌돌 말아
우리 집 안방에 걸어 두리

오래 오래
그대 그대는...
웃음꽃, 해바라기—

(*2025 07 17 오후 12시 30분 ...이상록)

238. 나도 담쟁이 　　　　　　　　... 이 상 록

담 타고 오른다
왜,
뭘 또 훔치려고...
아니,
주인님 속 마음 담아 오려고...
담아서 뭘해
나도 주인 한번 해 봐야지
허허...

날마다 조금씩
밤마다 조금씩

목표하나 담 안에 두고

놀러도 안간다
데이트도 안간다
사랑방도 안간다

허허
그래서 아이가 없구나

오직 물만 마시고
오직 앞만 바라보고
기어이
담을 넘고 마는 너 ―

이 시대
큰 산 도종환 장관님의 그림자라도 줍고 싶다
오르고
또 오르면 주인님 보이실까

위로 위로
안으로 안으로
오르고 또 오르면 기어이 해 내고 마는
파란 그 마음 —

더워도 말없이
더듬어 찾아 오르는 너 —
그대, 담쟁이

모두가
강으로 바다로
떠나고 없어도 넌, 늘 그 자리
난, 늘 13세 시골 소년

오늘도
말없이 오르고 또 오른다
속으로만 익어 가는 그 파란
결기 하나로...

....

(*2025 07 29 오전 11시 30분 서울에서... 이상록)

239.　뉴욕 가로수　　　　　　　... 이 상 록

2005년 미국 뉴욕 퀸스
베이싸이드 170번가 가로수 길을 걷고 있었다

눈이 10쎈티쯤 쌓여있는 추운 겨울
1월 어느 날
길가에 서 있는 나무, 대부분 50년 이상 된 도토리나무였다
흰 눈을 뚫고 머리는 잘린 상태
가까이 가보니 버섯이었다
몸통이 내 팔뚝만하다
신기해서 집으로 가져왔다

이걸 먹어야 하나 말아야 하나
처음 보는 버섯 앞에서 나는 한 참 망설였다
만약 이게 독버섯이라면
나는 타국에서 ...

그럼
이 문제를 어떻게 풀 수 있을까
어린 시절 고향 강원도 산촌에서 버섯 캐러 다닌 적이 있어
난, 직감적으로 판단했다

속이 딱딱하고 꽉 찼으면 식용버섯
속이 비어있거나 물렁 퍼석하면 독버섯
나름대로 해석하고 나서, 버섯을 씻어 쪼개어 보니
세숫대야 한가득
허허,
미국 뉴욕 가로수
도토리나무에서 이런 일이...
그래도 버리기는 아까워 라면 끓일 때 작은 조각 몇 개씩 넣어
시식했다 그 후 3시간이 지나도 아무 이상 없음
야호,

내 어린 시절
경험적 판단 앞에서 웃음꽃

하지만,
지금 서울 와서 생각해 보니,
그때 왜
그렇게 했는지 이해가 가지 않는다
고민할 필요도 없이
안 먹고 버리면 될 일을
목숨을 잃을 만큼 중요한 일도 아닌데...

길거리에서
가끔 비둘기가 차에 치여 죽은 것을 본다
빵 부스러기 때문에
결국, 그렇게 된 것이다

그해 겨울
눈 속에서 핀 작은 추억
내가 쓴 책 하나가 누군가에게는 큰 용기요 행복이었으면...
저 언덕 위에서
살구꽃 피어오르면
도종환 장관 시인님께서도 응원하고
계시겠지요

──────────────────────────────

*돌아온지 14년 만에 그때의 기억을 되찾아
 서울 동대문 장안동에서 이 시를 마무리 합니다
 (2025 08 07 오전 5시 50분 ... 이상록)

240. "A Poem dedicated to "Oprah Winfrey"

"A rose talking in the forest"

... Ellmorn Lee (이상록)

In a tiny village
of Mississippi a baby was born.
On the day a Wind came and was listening to the baby's
crying with its body hidden.　She has grown into a girl, but she
never thought that "I am a beautiful lass. Her name is
Oprah Winfrey. One day　she prayed to God
" I want to be a rose." When walking
in the forest on a day
in May, a Wind approached her
and said " you can live as a rose in this field from tonight."
She was able to have a beautiful face, but could neither listen nor talk.
Therefore she again prayed to God with crying
"Please make me return to the previous life
— regardless of any appearance
She vowed strongly
to God, if my wish comes true, I will donate half
of my own property for poor neighbors. A few months later
a Wind came back to see her, and also said " You will be reborn tonight."
She felt like being on cloud nine. Finally she went back
into the world. So she could preside
a talk show in
a broadcasting system in USA.
Many people called her "Queen of Talk show."
Even though she left her program, her fragrance still blooms out like a
wild rose in the forest that ants, cuckoos, and pheasants live.
A person in the far end over the memory is
coming closer and looking at
a butterfly praying on the branch of a tree.
"Queen of Donation"
Pearl— like Oprah,
I, a squirrel who is standing on a rock in the eastern sea shore
of South Korea see a piece of the tears
deeper than the sea.
In her eyes...

240. "A Poem dedicated to "Oprah Winfrey"
(헌시 － 오프라 윈프리 님에게)

－ 숲속에서 말하는 장미 한송이－ ... Ellmorn Lee (이상록 번역)

미시시피
어느 작은 마을에 한 아이가 태어났네
태어난 날, 바람이 다가와 몸을 숨기고 아이의 울음을
듣고 있었네 아기는 자라 소녀가 되었지만 한 번도 나는 예쁜
소녀야 하고 생각한 적이 없었지요 그녀의 이름은 오프라 윈프리, 어느 날
소녀는 신에게 기도했어요 장미가 되고 싶어요 라고...
오월 어느 날 숲속을 거닐 때 바람이 다가와
너 오늘 밤부터 장미로 살 수 있어
그녀는 아름다운 얼굴을
가졌으나 말을 들을 수도 할 수도
없었지요 그래서 다시 기도를 했지요 외모에 상관없이
전 생애로 돌아가게 해 달라고...만약 꿈이 실현된다면 나는 내 소유의
절반을 가난한 자를 위해 기부 하겠다고 하늘에 맹세 했지요 그후 몇 달이 지나
바람이 다시 찾아와 너는 오늘 밤 다시 태어 난다고
말해 주었지요. 그녀는 몹시 기뻐했습니다
세상에 다시 돌아와 마침내
미 방송국에서 사회를 봅니다 많은 사람들은
그녀를 토크쇼의 여왕이라고 불렀습니다 그녀가 우리 곁을
떠났을지라도 그녀의 향기는 개미, 뻐꾸기, 꿩이 사는 숲속 야생 장미꽃처럼
피어나고 있지요 기억 저편, 한 사람이 다가가 나뭇가지
위에서 기도하는 나비 한 마리 바라보고
있지요 나눔의 여왕,
진주 같은 오프라,
한국 동해안 어느 바위 위에 서 있는 다람쥐, 난, 바다보다
깊은 한 조각의 눈물을 본다
그녀의 눈에서...

(*엘먼 이상록, May 26, 2011)
(*2025 08 16 ... 영어강사 이상록 번역)
a77882799a@gmail.com

◆부록 편 .....

님 그리워……

복사꽃 피는
마을에 님 그리워
개나리 진달래 피는 마을에 님 그리워

강가를 바라보는 수양버들
노란 가지 구워 내어
님 마중 하고
있네.

--- 중략 ------

(작가 엘먼 이상록 시집에서...)

(Photographed on March 20, 2009, USA)

목차 ……

제 5부 …………………

* 미국 뉴욕
  애쉬 애번뉴의 추억

뉴욕 퀸스 애쉬 애번뉴
교회가 보여
마치 미국이 여기 있는 듯한 느낌
2000년 12월 23일 미국으로 가서
살던 마을
(*Ash Avenue 7, Queens, NY)

* Since the beginning
of 1990 I have enjoyed dancing
Jitterbug, Blues, Jive, Tango in Seoul. I went alone
to the USA on December 23, 2000. Luckily I happened to meet
a great champion teacher at Universal Dance Studio sited on Main
Street, Flushing, Queens NY. It was a big fortune for me.
Almost 11 years I had spent time with him and his
students mainly from Monday to Friday
after 7p.m. Most people
have practiced learning 10 international dances ;
Latin 5 and Modern 5 for competition. All of the moment
I experienced in New York has been making me
happier and more plentiful until now.
I was a lucky man.

(*여기는 서울 장한평역 근처에
소재한 불랙플입니다
영국에서 이사 온 듯)

제 5부 (부록편) ....

1. 수필 이란 ......

맘가는 대로, **붓**가는 대로
글을 쓰는 것을 의미한다
형식에 얽매이지 않고 자유롭게 자기가 보고 느낀 것을
주관적으로 글을 나열해 가는
문학의 한 형태이다
모든 글이 다 그러하듯
글 속에는 작가만의 독특한 묘사, 향기, 힘, 스토리, 주제,
참신성, 독창성, 유머, 경구, 기교, 운율, 감동,
체험.... 등이 어울어져
독자의 마음에 감동을 줄 때 그 글은 더욱 큰 빛을
발하게 될 것이다
글을 매일 쓰는 버릇을 갖는 게 중요하다고 본다
요즘에 카톡으로 문자 보내고
안부를 묻는 세상이
되었으니 얼마나 행복한 일인가
우표도 필요 없고 지우개도 필요 없는 공간에서 마음껏
자유롭게 내 생각 내 사상을 펼칠 수 있다
그야말로 Paradise이다 그럼에도 불구하고 남이 써 놓은 글이나
사진을 친구에게 보내는 것은 성의가 없어 보이고
예의도 아니다 당장 편할지는 몰라도 내내 이런 식이라면
내 필력에 아무런 도움이 되지 않는다
이런 점에서 재학중인 학생은 꼭 자력으로 글 쓰는 연습을
꾸준히 하기를 바란다 (Slow but steady.)

2. 수필 엿 보기 ...

* 수필1 ....

― 1. 미국 Flushing Northern Blvd.150가 ―   ..... 이상록

나는 2000년 12월 23일
대한항공 202호기 타고 미국 뉴욕
John F.Kennedy International Airport 저녁 늦은 시간에 도착했다
아무 연고도 지인도 친구도 없는
미국 땅에 혼자 온 것이다
다행히도 하늘이 도와
딱 한 사람
그 한 사람이 별보다 더 빛나고 달빛 물살보다 더 아롱거리는 물빛으로
다가왔다 그분의 안내를 받아
나는 Northern Blvd. 150가 한인 하숙집에 들어가게 되었다
당시 한 달 하숙비는 500불이었다
나와 같은 하숙인이 7명 이었고 점심은 주지 않았다
아침과 저녁만 먹을 수 있었는데...
문제는 김치였다
이 세상에서 그렇게 맛없는 김치는 처음 먹어 본 것 같다
같은 동료들에게 이 집 김치 맛이 왜 이래요
그렇게 질문 했더니, 허허 한 사람이 대답해 주었다
김치가 맛있으면 금새 없어 지지요
일부러 그렇게 만들었을 거라고...
아무리 그래도 그렇지 한국 사람에게 김치를 빼면 뭘 먹을 수 있겠는가
듣고 나서 스치는 생각은 ...

그 말을 믿어야 하나
지금 내는 하숙비도 적은 것은 아닌데
어찌 이럴 수가 있을까
나는 3달 머물면서 도저히 김치를 먹을 수 없어
마침 한국인이 운영하는 한양수퍼에 가서 김치 한 통을 사서
하숙방 책상밑에 가려놓고 먹을 수밖에 었었다
식사 때마다 내가 산 김치를 덜어서 먹을 만큼 가지고 내려가
먹곤 했다 혹 주인이 보면 기분 나빠 할까 봐 몰래 숨겨 놓기가 일쑤였다
한양수퍼에서 판매하는 김치는 맛이 신선하고 그런대로
맛은 있었다 하숙집의 김치는 딱딱하고 양념이 배지 않아 아무런 맛도 없었
다 미안하지만 이 세상에서 가장 맛없는 김치?
그 집이 처음이었던 걸로 기억이 된다
하나님을 믿는 가정이 이래도 되는 걸까
25년이 지난 지금도 Northern Blvd. 150가 하면 그 맛없는 김치부터
생각나는 것은 어찌 된 일인가 사람은 좋은 추억은 쉽게 잊고, 악몽 같은
추억은 오래 기억하는가 보다. 2~3년 안으로 미국 가면 그 집에 꼭 들려서
다시 한번 식사를 청해 보고 싶다
그리고 그 하숙집 아주머니는 아직도 살아 계시는지
자주 갔던 매시 백화점 앞 맥다널에 들려 햄버거도 먹어 보고 싶다
가게에 들어가 줄 서서

A) I'd like one large — size Hamburger with Coke.
B) Stay or to go?

그렇게 이어지는 짧은 대화도 이젠 먼 추억이 되었다
당시 나는, 왜 to go냐 그냥 go 라고 해야지 따져 물은 적도...
이민 초기 학교가 없어 배우지 못해 그렇게 말한 것이니 굳이 그 점원에게
설명하며 가르쳐 준들 무슨 의미가 있을까 내가 가고 없어도 미국은 여전히
습관대로 **... to go ...**

(2025 07 28 서울에서... 시인 이상록)

─ 2. Kissina Park 그 여인 ─   ..... 이상록

우리집에서 Kissina Park 까지
걸어서 20분이면 갈 수 있는 거리이다

거기에 큰 호수가
하나 있고 그 호수를 지배하는 여왕 오리가 있다
다른 오리는 철 따라 멀리 이사를 떠나가는데,
그 여왕 오리는 사시사철 그 호수를 지키며 마을 사람들의
사랑을 독차지 하고 있었다

어느 날 봄이 와 그곳을 가보니
여왕 오리는 예쁘고 귀여운 오리 새끼 12마리 거닐며 호수 주변을
빙빙 돌고 있었다
어느새 신랑을 만났구나
수컷으로 보이는 오리 두 마리가 여왕을 호위하며
어린 새끼들과 함께 헤엄을 치고 있었다

내 곁을
빠른 걸음으로 지나가는 한 여인,
한 눈으로 보아도 멋지고 아름다운 여인이었다
혼자서 걷기 운동을 하면서
중간중간 쉬면서 다리 운동을 하기도 했다
30미터 거리에서
눈요기만 했을 뿐, 다가가 말은 걸어 보지는 못했다
같은 동양 사람으로 보여 호감도 갔지만
맘으로만 느끼는 걸로 만족했다
그 후 자주 그곳을 갔을 때
그 여인도 간간이 가벼운 운동을 하고 있었다
몇 달이 지났다

초목은 단풍들고 있는데
여왕 오리도 두 애인 거닐고 있는데...
나는?
내성적인 면도 있었지만 그땐 누구를 사귈 만한 여력이 없었던 것 같다
미국 주택가나 거리엔 도토리나무가 많이 자라고 있어
다람쥐가 자주 보이고 그 모양은 한국 다람쥐보다
조금 크고 온몸이 다 잿빛이다
흰 줄무늬가 없다 조금 덩치가 크다는 것

벌써 그곳을 떠나온지
14년째, 세월은 어찌나 빠르게 지나가는지
우리 아버지 말씀
야, 60이 넘으니 한해 한해가 다르다
그런 소리 엊그제 같은데...
아버지는 보이지 않는다 그때 그 어미소 울음소리도 보이지 않는다
나는 뻐꾸기가 되어
그 산을 떠나 고향을 떠나 멀리 미국으로 왔지요
세월, 강물따라 11년, 그곳에 머물다
한국으로 다시 돌아왔지요

나를 초기에
도와준 Namsoon 사장님은 아직도 Bronx에 살고 계신지요

언제나 고마운 나라 미국,
우리나라 6.25 전시 때, 미 젊은 병사 47,500명이
꽃다운 나이에 목숨을 잃었다는 사실,
우리 대한민국을 위해
싸워 준 고마운 친구들, 고마운 나라 미국 —
자유와 평화와 민주 그리고 번영에 초석이 되어 준 미국,
UN 16개국과 또 몇몇 나라 잊을 수 없다

나는 초등학교
다닐 때 미국에서 보내준 옥수수빵으로
우유 가루로 점심을,
그런 기억을 다 어떻게 잊으랴

산은 아직도 푸르른데...
강물은 아직도 흘러 바다로 가고 있는데...

나도 푸르러
흘러 흘러 바다로 가고 있을까

고마움을 끌어 앉고...
어려운 이웃을 도와 주자
보살펴 주자
사랑하자

(2025 07 28 서울에서... 이상록)

* 수필 2 (영문)

1) A Son's Dream

* Writer: Ellmorn Lee (이상록)

There was a high school student who lived in a big port near the far southern part of Korea. He was born and grew up there, and lived with his parents. He liked to swim in the sea and used to help his father catch fish on vacations. His father was a hard working sailor. For his son's future, he always wanted his son to become a doctor or a professor. He did everything he could do for his son. His son's graduation from high school was coming soon.
He was very curious about what college his son wanted to go to and what subject he wanted to major in. He called his son into his room and asked, "What college do you want to go to?" his son answered,

"Daddy, I don't want to study anymore. What? said his father.
Are you kidding me? His father was speechless for a while, and asked again, "Is that true?" His son replied. "Yes, it is." What's your dream? My dream is to be a sailor.

That's not what I have wanted. I have wanted you to become a doctor or a professor who can work in a specific sphere. You can be a professional if only you work hard.

I will give you just ten days you think about it, and tell me your final decision on the eleventh day. "If your answer is negative, you must leave me and this port forever, said his father in a determined voice."

Finally it was time to tell the ultimatum to his father. The father called his son in a hotel coffee shop, and asked him, "Tell me your final decision?" His son answered, "I am sorry not to agree to your will, I made up my mind to be a sailor."

"It's OK, but from now you are not my son, leave me right now and never come back to me, shouted his father in a flurry rage." The son left after leaving "I am very sorry." He should go somewhere to find a new adventure.
He stayed in an inn for a couple of days and then got on the bus to a tiny village adjacent to the sea. He had no money to stay in a rent room.

But, it was lucky he found a rocky cave to protect himself from rains and winds. He spent three years there swimming every day and catching fish for a living. Despite he lived in rocky cave, he was always happy, dreaming a sailor with his own ship.
One sunny Sunday, he dropped by a store and bought a newspaper on the way from church to his shelter.

It says there is the nationwide swimming competition for Korea President's Cup. At a glance, his breast was beating and beating. It's because he wanted to join the contest and to vie with other players. The next day he finally decided to be tested and hurried to Pusan station.
Many swimming players across the states had already been exercising in swimming pools when he arrived there.
On the first day, all the players were called and tested. On the second day, half of the 250 players were eliminated. On the third day, 70 of them were out. On the fourth day, 40 of them were failed. On the fifth day, 15 of them were disqualified. In the end, only ten survival competitors were supposed to vie with each other in the final games of 100m and 500m.

He was very excited during waiting for the final games. At last his destiny came. In the third lane he was waiting for the start buzzer on the race of 100m.

As soon as the start signal rang, all the competitors jumped into the water very swiftly and began to swim toward the goal touch line. He was a second place, but there was little difference between the two. The touch line bell ringing was almost the same. It was a 0.001 difference. It seemed unlucky to him, but he accepted it with pleasure. Another chance was waiting for him. His strength was strong long-time maintenance and his weakness was a short-time speed up.

It seems that the 500m race will be one of his favorite races. The next day he stood in the fourth lane and crooked to start. It was a golden chance for him to become a hero if he won the gold medal. The start buzzer rang. It was unbelievable that he was swimming the ninth place of ten swimmers until 200m. But he began to lead one by one every four seconds.
It was incredible once again.
Finally he reached the touch line in the first place, and to our surprise his record broke even the world records. He was a gold medalist on the race of 500m. Many news reporters had interviews with him. The articles about him were written in the major newspapers.
A number of people who read them called the newspaper companies to help the gold medalist, and several competitive college administrators were offering him a full scholarship for four years. A few broadcasting companies want him to be on TV sooner or later.
His dream was to be a sailor,
but now became a gold medalist, a hero of nationwide swimming contest of Korea President's Cup.

He is now preparing for the upcoming Olympic Games.
On interviews,
he says, "Please find out what your kids want to do and what they do well, and then support instead of forcing them to do what parents want and anticipate."

(Written by Ellmorn Lee, New York, December 9, 2010)

(*Photographed by writer Lee 2005)

2) On the Green Hill

*Writer: Ellmorn Lee

When I was a boy,
there was no high school near the village where I had lived.

So I had to go to Yangyang High School about 15 km away from our house. To take a bus I used to walk a mile and then waited for buses.
The buses passed HaKwangJeong-Ri almost every twenty minutes. The village had a beautiful shoreline and a beach that were enclosed by fantastic rocks and fine trees.

To get to the high school from there, sometimes I needed to take the bus which crept up and down several hills and mountains.
For the first year I went to school by bus. It was an ineffective method for me to take the bus in order to attend school every day.
Therefore, in the end I moved to Yangyang and got a one-bed room near the school. This town had a big stream named "Nam Dae Chon." It has been famous for its salmons' and eels' habitats. Many salmons come back to the brook from the sea so that they can lay eggs there late summer seasons.

I walked over the bridge to school from the peaceful village I moved in. There was Yangyang Girls' High School not far from our school. The school girls wore the uniforms two times a year. I still remember that most of them were wearing white blouses with long sleeves in spring and fall terms.
Their uniform was really pretty and attractive. Every time I saw them on the street, I was occasionally enchanted and fascinated. Despite I got such feelings, I had not tried to approach and talk to any of them.

I realized now how stupid I was. In fact I was a little bit introspective and shy in those days. The years had been gone like a wind. The first semester of the final grade year of high school was coming up to me.

Every morning for the one year I could luckily see a tall and gorgeous high school girl who had been passing by the stone fence of the house I rented. She was having two extremely beautiful ponytail. Peeping out her through the hole of the paper—covered wooden door in my room was one of my big pleasures.

Really I was so sure that she was born for me. But I could not have courage to talk to her. The high school graduation date was getting closer. I began to get nervous.
As a matter of fact, I loved her in my heart for over one year, but I did not give a hint or approach her. In one month after that, I determined to write a letter as the following below.

Dear Friend,

Almost everyday I have seen you passing the stone fence of the house where I live. Every time it happened, I felt loved from you, but I could not have the courage to talk to you. Now I will try to come closer to you with the big responsibility and warm —hearted mindset.

I will wait for you under the tallest fine tree on the Green hilltop on November 25, Sunday at 2 pm. If it's OK, please come and accept my warm heart. I really want to see you in order to carve your look and soul in the plate of my inner heart. This will probably be my first and last proposal.

Very Sincerely,

From Lee
===

Finally,
I was waiting for her under the tallest fine tree
on the Green hilltop on November 25, Sunday at 2 pm.

That day was a sunny and mild day like spring as if it celebrated our presumably first date. The hill was not far from her house and she always walked it up to reach her high school.
The scenery of the town I looked down at from the hill was a very beautiful and idyllic one, showing white smokes coming from the chimneys and colored leaves on the trees in the mountains.
For this special day I brought a letter and yellow scarf striped with red and green tints with me.

The green color was one of my favorites. The time I set was three o'clock, but she did not show up. I kept waiting for her under the huge fine tree. The sun in the sky was about to go down to hide itself down the mountains.
It was getting darker and darker around five o'clock. Just then a tall lady was climbing up from the bottom of the Green Hill with a person. As soon as I saw them, my heart was leaping and bounding like waves in the ocean, being very thrilled.
They were approaching me. Oh, my goodness!
One of them was just her. She was very surprised at me and said,
"I am so sorry to be late on the way back from my grandmother's where visited yesterday."

I told her that I was very glad to meet you, and introduced myself briefly. One of the two was her friend who lived together in her village.

The full moon from the mountain was coming up.
She was like an angel shined by the light of the moon.
She looked much more beautiful than flowers. I was totally fascinated and hallucinated by her beauty that evening.
It was the most fantastic and most awesome feeling I had haven't ever experienced. Around nine o'clock I walked down the hill to their houses with them.

I heard a dog faintly barking far away from an isolated house at the bottom of the valley. Their village was very quiet and cozy. The top of Green hill was the borderline between her village and mine.
I left her after I gave her a letter and a scarf, saying "See you tomorrow, and Good-bye." That night I could not sleep sound.
It seemed that my life was floating over the clouds.

Eventually shortly after the graduation from high school I had to leave the town to study more in college in a city very far away from my hometown.
After entering college, at least once or twice a week I wrote to her for two years despite being alone in a strange city. My inner heart was occasionally filled with the yearnings and fancy about what she was doing now.

All of a sudden, I could not receive a letter from her one month before the summer vacation stated. Several times I tried to contact her by letters, but failed. In those days I had no cellular phones and did not know her home phone number. Therefore, I was fretted and worried pretty much about her.

On the first day of the summer vacation,
I got on the bus to the village where she lived. It took me twelve hours to get to her home. On the porch I knocked on the door, but there was no answer.

I moved to her neighborhoods in order to know about what happened to her and her family. Finally I could manage to meet a neighbor who looked elderly, and noticed that she and her whole family moved to Seoul the capital of South Korea for a living. It was a big shock to me. Instead of returning directly my parents I headed for an inn in the town of Yangyang where I lived during high school. For one night's sleep I went into the room after paying some money to the innkeeper. I was so shocked and disappointed that I could not fall asleep.

I went out and stopped by a store to buy the same one as the yellow scarf I gave her a couple of years ago. I bought two yellow scarves and wrote some words and attached them to the scarves as followings below.

Dear friend,

"I tried to get in touch with you several times, but failed. Yesterday I went to your home, but you were not there. I really wanted to know what happened to you and your family. The two years and nine months we shared together will be unforgettable to me forever, and the happy days and the moments I felt from you will also keep on growing in my heart like the huge fine tree on the Green hill where we met first. I highly hope that you could be blessed by God wherever you are and whatever you do."

From your true friend Lee

Early next morning, I went to the Green hill again and climbed up the tree to hang the yellow scarves that said my last messages. Tens of years after that have gone, but I can still remember vividly about the past thing. All of the moments that I have missed and longed to see her will be remained as a blue moon between you and me.

I now look at the waves of the sea I used to see when I was in boyhood, and envision the fine tree on the Green hill where I had a nice talk with her, and smell the fragrance of her straight long hair as I am getting older.

Where does she live now?

How much has the fine tree changed?

The leaves that were falling down from the trees on the green hilltop in the last night are today being accumulated in my heart with the crescent moonlight. The entire moments between us were shining in the unforgettable angel's eyes.

(Written by Ellmorn Lee, New York, December 11, 2010)

*이글은 소년시절 작가가 2년 9개월 정신적 짝사랑을
하던중 어느날 갑자기 소녀 서울로 이사 가면서 연락이 끊긴 것에 대한 아쉬움과 감회를
쓴 것임 ..... 첫 사랑, 그때 그 소녀 김정희 어디 있을까? 이글 보게 되면
연락해. 나, 이상록, 양양고교 시절 우리 집 돌담길 매일 지나간 나비 소녀―
그대 잊지 못함, 내가 2000년도 미국 가서 쓴 위 영문 편지를 한국에 돌아와 15년만에
다시 읽어보니 내가 쓴 글을 내가 읽고도 눈물이 났어.
큰 소나무 ... 3시 약속 ...5시에 나타난 그대 첫 만남...보름달... 3사람....밤 9시 하산 ....
서울로 이사감... 연락 두절... 소나무에 걸어둔 내 편지...노란 손수건...
이렇게 자세히 기록된 것을 보고 감동이 되었어 꼭 연락해 ― (010 7788 2799)

3) Pigeons in the City

*Writer: Ellmorn Lee

Many kinds of birds live in the park such as; pigeons, sparrows, finches, doves, hawks, ducks, geese, and so forth. All of them except hawks seem to like eating something that people throw.
Most citizens will think that it seems hard that birds gain food by themselves in rainy days or winter seasons. So some of them prepare grains or pieces of bread for the birds in the street and the park. Whenever it happens, many birds from somewhere come to get food. Actually one of my friends buys bread in a bakery and breaks it into pieces for them almost every day. How much are pigeons helpful to us?

I had ever seen the nest on the wall of a neighbor's house that a couple pigeons were feeding their babies four years ago when I lived in Flushing, New York. I thought the number of them has been multiplying every year. Last Sunday my friend John and I stopped by a store near school to buy grain for pigeons in the afternoon.
We walked into the school yard and sat on a wooden bench. There were few people there. It was a windy and chilly day. He began to tear the pack. When he spreads some grains on the ground, many pigeons and sparrows flew close to the area where we was standing.

I felt they were like my pet dogs during I was with them. Seeing them was to make me more peaceful and more relaxed.
Pigeons usually sleep on the trees, roofs, verandas, or iron bars of the bridges at night. It seemed that they like flying in a group than alone. There is a hawk in the town I live now.
He is as large as a grown rooster.

I have ever seen him several times.

Two months ago I could witness that the bird was eating something on the branch of a tree when I was talking with Schneider Steven in Maple Park.

Meanwhile he dropped something down. I sat up and walked to the spot to get the clue about what he was eating.

It was a bone with light gray furs. I guessed it was just a pigeon. After finishing eating, the hawk moved to the nearby tree to attack another squirrel that was hidden on the back of the tree. When the weird bird threatened the squirrel once, the squirrel turned around to the back side of the tree very swiftly and he was frozen in fear.

It was a really big luck for him that the hawk did not attack him anymore. The squirrel did not move at the place for over one hour despite the hawk flew somewhere else far away.

I thought that the squirrel was too frightened to run away. It began to be getting darker. All the pigeons around me were not seen. Some people complain that the pigeons have occasionally been messing their houses, windows, and cars.

But I think that most of people still love living with them around their towns. The pigeons and sparrows can migrate anywhere, depending on the seasons. Almost all people living in New York City do not threaten or hurt any wild birds. Birds are protected by the law of New York City as a part of nature. If somebody catches or hurts birds, they will be punished or fined.

If the police saw someone feeding pigeons during their patrol, they might be ticketed with a fine. It is because feeding pigeons is against the law in New York City. Is it unlawful in your country also to feed pigeons? I think that many countries do not seem to ban people from feeding pigeons.

It'll probably be not a desirable policy that we are not allowed to feed pigeons as far as they are not harmful to us directly.

Do you agree or disagree that someone feeds pigeons in case they can hardly find something to eat when it snows or rains for a long time?

Please have a discussion with your partner about both the advantages and disadvantages that pigeons can give us in a daily life.

(Written by Ellmorn Lee, New York, December 7, 2010)

(*Photographed 2007)

4) In Flushing

*Writer: Ellmorn Lee

When I lived in Flushing, I would usually buy stuff in Hanyang Supermarket. There were some Korean stores on each side of Northern Boulevard: restaurants, clothing shops, hair salons, cleaners, Laundromats, video shops, flower shops, coffee shops, shoe shops, nail salons, chicken bars, bakeries, skin care clinics, beer lounges, deli stores, barber shops, supermarkets, and book stores.

Thanks to these, I could spend a convenient time feeling my country's culture and customs. Seoul Plaza building that was built about 2001 was sited at 150 Northern Boulevard, Flushing.

As its new owner was replaced, the name of building also was renamed to "Korea Village. It has been utilized as a place of many events: concerts, weddings, meetings, school parties, Miss Korea beauty contests, silver anniversaries, birthday parties, musical performances, dance festivals, community events, short-term study programs, alumni meetings, political campaign, etc.

I used to meet friends and guests at Koryo coffee shop on the ground floor of Korea Village. It was a really nice and gorgeous spot to talk with somebody. Last month I saw ads in Korea Times that a Korean woman singer would have her recital there on November 26, 2010. I was very glad to think that I could directly see her in USA and scraped the ads on her into my files. A day before her concert I called the Times to buy tickets, but it was impossible to join it.

Because all tickets already sold out. All through the next night I had to stay home and only imagined as if I was there and listened to the beautiful songs she was singing on the stage. That was a long and lonely night that made me feel how foolish I was.

(Written by Ellmorn Lee, New York, December 8, 2010)

◆ Sanford Avenue

◆ 135 street Northern Blvd

5) At the Store   *Writer: Ellmorn Lee

In Flushing there are many different kinds of people who came from Asia, Europe, Africa, and so forth. There. A big Chinese supermarket two blocks away from my apartment is there.
It's on Kissina Avenue opposite Queens Library-Flushing. A couple of days ago I came by the store and bought two— bowel noodles of Nongshim produced in Korea. I could see the purchase price of the both was $1.90. Before one hour stopping by this store, I went in another store to buy two— bowel noodles of Nongshim. The purchase price of the this shop was $2.90.

The price difference between the two stores was one dollar. If I consume the thing with $1.90 per day, I can buy 30 bowel— noodles of the Nongshim a month. If I buy them in the Chinese Supermarket, I can almost save up to $30 a month, up to $365 a year, and up to $3,650 for ten years. I realized that it was not a trifle thing.
Last summer the Chinese Supermarket sold three corns for one dollar until five, five corns for one dollar between five and seven in the afternoon, and eight corns for one dollar after eight p.m. They came from California and the grains of the corns were not soft and not hard. Several times I really enjoyed sharing them with my roommates. I like natural foods: sweet potatoes, mangos, broccoli, spinaches, onions, green onions, persimmons, papayas, watermelons, garlic, bean sprouts, cucumbers, tomatoes, plums, acrobats, pomegranates, ambers, mushrooms, pineapples, and cabbages.
What do you like best above? Can you cook dinner for your friends? If yes, what kind of food can you cook? Do you know what foods are healthier ones for us? Most doctors say that it would be the best for us to have habits to **maintain balanced foods.**

(Written by Ellmorn Lee, New York, November10, 2010)

3. 추억의 사진

* Columbia Univ. Campus

* On CU Campus

* Classmates

* Classmates

4. Flushing 사진

* Flushing Library

* Northern BLVD. 150 KFC

* Who are these?

(In Flushing, Queens NY)

* Flushing Macy's

5. New York Streets ...

* we can see
the signboard of LG ad.

(*Manhattan street, NY)

6. 하늘의 별을 보다 ....

* 김소월 시인님 / 윤동주 시인님
* 한용운 시인님 / 이육사 시인님
* 박목월 시인님 / 박두진 시인님
* 조지훈 시인님 / 서정주 교수 시인님
* 도종환 문화부 장관 시인님

....

* 안병욱 철학자 교수님
* 김동길 연세대 부총장 교수님
* 김형석 철학자 교수님

....

* Abraham Lincoln 대통령님 / 마틴 루터 King 목사님
* 주기철 목사님 / 손양원 목사님 / Underwood 선교사님
* 조용기 목사님 / 금란 교회 김홍도 목사님
* 김진홍 목사님 / 명성교회 김삼환 목사님
* 전광훈 목사님 / 연세 중앙교회 윤석전 목사님
* 장경동 목사님 / 이재철 목사님 / 선한 목자교회 유기성 목사님
* 부산 세계로 교회 손보현 목사님

....

* Muhammad Ali (World Boxing Champion)
* SooHwan Hong (World Boxing Champion)

7. 좋은 시를 쓰려면 (10계명) …………

* 시 쓰기 중요한 10가지 사항을 추려 봅니다

1) **참신성:** 남이 가지 않은 길을 가야한다(이근배 시이님)
　　　　　　즉, 내가 새로운 길을 개척한다
　　　　　　남이 쓴 문장을 피해 가고, 나만의 톡특하고 새로운 언어를 구사한다

2) **적절한 비유:** 시를 쓰려면 많은 비유법을 활용해야 한다
　　　　　　　　은유법, 직유법, 대유법, 활유법, 의인법, 풍유법, 반어법 등
　　　　　　　　의미에 어울리는 비유법을 잘 사용하면 시의 멋과 맛이 한층
　　　　　　　　높아질 것이다

3) **역동성:** 시뿐만 아니라 모든 글에는 역동성이 살아 움직여야 한다 즉,
　　　　　　죽은 글이 되어서는 안된다 여기서 죽은 글이나 시란…
　　　　　　독자에게 아무런 감동도 느낌도 주지 못하는 것을 의미한다

4) **창의성:** 내가 새로이 닦아 놓은 흔적이 보여야 한다
5) **독창성:** 나만의 개성이나 독특한 향기가 묻어나야 한다
6) **글의 리듬:** 시에서 리듬은 춤에서 경쾌한 스텝이나 음악의 후렴
　　　　　　　 어귀라고 볼수 있다
7) **뜻 살리기:** 아무리 문장의 구성이 잘 되어 있어도 결국 뜻이나 주제가
　　　　　　　 없다면 죽은 글을 쓴 것이다 시에서 가장 중요한 부분이다
8) **어려운 용어사용 자제:** 사자성어나 고상한 철학적 용어, 어려운
　　　　　　　　　　　　　 낱말 등은 시에서 금하는 것이 좋다
9) **상투적 언어 버려라:** 일반 잡지나 신문 등에서 늘상 사용하는 문장이나
　　　　　　　　　　　　 글귀는 피해 가야 한다 누구나 아는 상식 누구나
　　　　　　　　　　　　 쓸 수 있는 그런 진부하고 평범한 문장은 피해 가야한다
10) **고어 어투 사용자제:**　　(오, 아, ~하여라, 하구나, ~하구료 ~하였네 등)

8) 시 창작은 ?

* 시를 쓰려면 해야 할 요건이 많이
  있지만 여기서는 간단히 몇 가지만 기술해 보겠다

* 글이 시가 되려면 최소 3요소는 갖추어야 한다
  1, 운율
  2, 심상
  3, 주제
* 그리고 시에 관한 공부를 적어도 반년 이상 꾸준히
  해야 한다 *초중고교생이라면 매일 일기 쓰기를 ...
  대학생과 성인은 수필을 권장하고 싶다 자주 매일 쓰는 습관 중요함
  그렇게 10년 이상 연마하고 나서
  시 공부와 시 쓰기 연습에 들어가면 한결 수월해질 것이다
  그리고 인생 경험도 많이 필요하다 특히 시골 환경에서 10년 이상
  살아 보기를 바란다 시의 향기는 거기에 많으니까...

  시가 시다워지려면 시적 향기, 생기, 힘, 스토리, 멋, 깊은 뜻,
  경구, 유머, 은유, 기교, 비유, 리듬...등 다양하게 적용되어야 하고
  지나친 허풍이나 미사여구는 배제되어야 한다
  *개인적으로 시의 가장 중요한 부분은 살아 꿈틀거리는 힘, 감동,
  향기,멋,운율,암시적 의미이라고 본다
  아무리 잘 쓴 시라 할지라도 최소한의 향기도 감동도 없다면
  그건 죽은 시를 쓴 것이다 모든 것이 다 그렇지만 글 실력도
  하루 아침에 올라가지는 않는다 시인의 글을 많이 읽어야 함은
  물론 평소 꾸준히 글 쓰는 연습이 필요하다
  (*시인의 가장 좋은 나이는 40, 50대 이후라고 본다
  인생 경험 없이 일찍 시인이 되는 것은, 그리 좋은 일은 아닐 것이다
  그 이유는 깊은 시, 향기 나는 시, 기대하기 어렵기 때문이다
  익어서 시인이 되는 것은 큰 축복이 될 것이다 20년 이상 습작 기간을 갖기를 바란다)

질문 1) 아래 쓰여진 글에서 어느 것이
시라고 여겨 지나요
자세히 읽고 둘중에 하나를 선택해 보세요

예문 1)   날이 어두워 지자
달이 떠오르고 있어요

달을 보니 돌아가신
어머니가 그리워지고 보고 싶습니다

아, 나 홀로
이 밤을 쓸쓸히 지내고 있으니
저 연못가에서 들려 오는 개구리 소리에도
나는 큰 외로움으로 느껴요

예문 2)   날이 어두워 지자
달이 떠오르고 있어요

달을 보니 돌아가신 어머니 같은 미소가
달 속에서 보여요

아, 나 홀로
이 밤을 쓸쓸히 지내고 있으니
저 연못가에서 들려 오는 개구리 소리에도
나는 큰 호수가 되지요

(※ 답은 127 페이지 하단에 있음)

9) 영어 산책 ....

A) 식사 시간 ....

a) What will you eat for lunch?
      (점심에 뭘 먹을 거니?)

    답1) I will eat hamburgers. (햄버거 먹을 거야)
    답2) I will have fried chicken. (치킨 먹을 거야)
    답3) I will eat bulgogi. (불고기 먹을 거야)

b) What did you eat for dinner? (저녁으로 뭘 먹었니?)

    답1) I ate noodles. (국수 먹었어요)
    답2) I ate two hamburgers. (햄버거 두 개 먹었어요)

c) What will you cook for lunch?
      (점심으로 뭘 요리할 거니?

    답1) I will cook Kimchijige. (김치찌개 요리할 거야)
    답2) I am going to cook curry and rice.
        (카레 요리할 거야)

d) Where shall we go for lunch?
      (점심 먹으러 어디로 갈까?)

    답 1) Let's go to the restaurant we went last week.
        (지난주에 갔던 그 식당으로 갑시다)
    답 2) Let's go to HanYang restaurant.
        (한양 식당으로 갑시다)

B) 현지영어 발음 ....

한국에 온 지도 어느새 14년째가 되는군요
미국에 11년 있었으니 그곳보다 여기서 더 오래 살은 셈
이젠 세월 가는 게 반갑지 않은 것은 시를 많이 써야 하고 또 쓸게 많이 있어서...
적어도 30권 이상은 써야 하는데 그런 의욕과 기대감으로 하루하루 바쁘게 살아 갑니다
그동안 한국에서
사람들이 하는 말 중에서 귀에 거슬리는 것은 바로,
이 단어 ————— "MacDonald" ....
여러분은 어떻게 발음 하나요 거의 다 ... "맥도널드" 라고 하는데..
미국에가서 Hi, Taxi.
        Would you take me to MacDonald?
        이 문장에서 한국식으로 맥도널드 라고 발음하면
        미국 택시 기사님은 아마도 What? 이라고 되물을 것이다

* 맥도널드가 아니라 1) **맥다널** ... 이라고 발음해야 합니다
* 참고로 "**Manhattan**" 도 맨하탄이 아니고
        2) **맨해은** .... 이라고 발음해야

예문) A: Where are you going now?
       B: I'm going to Manhattan.
      A: For what (reason)?
       B: I need to see my classmate.

(*2025 08 09 이상록 시인 / 영어강사 제공)

➡ 시 문장, 답은 2번입니다

C) 아래 문장을 해석해 보세요. (1~10번)

1. You always look clam.

2. You are always on my mind.

3. Can I text you later?

4. You just made my day better.

5. Keep in touch.

6. Take care.

7. I dropped by the store yesterday.

8. Catch you later.

9. Without his selfless and loving support this project would never have come to fruition.

10. The walls and floors are to be washed down three times a day, so that the place is kept wholesome and free from infection.

.... ▶ 해답은 130 페이지 참조 ....

*저의 제 3시집도
6월 강가에 핀 능소화처럼
활짝 피어 오르기를
소망합니다

※ 후원을 기다립니다
모아진 후원금 일부는 시 발전과
어려운 이웃을 위해 소중히 쓰겠습니다
(* 광주은행 — 270 121 009415 — 이 * 록)

D) C 문장 (1~10번) 해석입니다

1. You always look clam. (너는 언제나 말이 없구나)

2. You are always on my mind. (나는 언제나 너를 생각하고 있어)

3. Can I text you later? (나중에 문자 보내도 되겠니?)

4. You just made my day better. (너가 있어 더 행복한 하루)

5. Keep in touch. (계속 연락합시다)

6. Take care. (안녕. 조심해서 가, 잘 가 등 …. 작별 인사임)

7. I dropped by the store yesterday. (나는 어제 가게에 잠깐 들렸다)

8. Catch you later. (나중에 보자)

9. Without his selfless and loving support this project would never have come to fruition.
   (그의 헌신적이고 적극적인 후원 없이, 이러한 일 (작품, 계획)은 결코 성공하지 못했을 것이다

10. The walls and floors are to be washed down three times a day, so that the place is kept wholesome and free from infection.
    (벽과 마루는 하루에 3번 청소해서, 그곳은 위생을 유지하여 세균 감염이 없습니다)

    (*9번 *10번 문제는 대학생 또는 대졸 수준)

10) 감사 인사 ....

Thank you for joining me.
See you again in the fallowing
Collection of poems.
* I wish you all the best.

*함께해 주셔서
감사합니다. 다음 시집에서 만나요.
여러분의 행운을 빕니다

(2025 06 13 서울 장안동에서...)

● 문의 사항은 아래로...
● 전화 : 010 7788 2799
● 이메일 : a77882799@gmail.com   *시인 이상록

* 하움 출판사에 대한 고마움

지금까지

온 정성을 다 기울여 온

하움 출판사 문 현광 사장님과

교정 검렬 디자인 인쇄 광고 등에 관계된

직원 여려분에게도 지면을 빌려

깊은 감사를 올립니다

...(2025 08 28 작가 이상록)...

난,
너에게 반했어
(* I stuck on you.)

*어느 날
우연히 뉴욕에서 만난 너,
지금도 난
널, 그리워 한다
(I miss you.)

*Here is Manhattan,
   New York.

*Flushing that the writer
  lived near the church
    showing below.

11) 시를 보다 잘 쓰려면 ....

1) 매일 글 쓰는 연습이 필요하다
   (생각나는 대로 마음 가는 대로 자연스럽게 내 생각을
   ....글로 표현해 본다)

2) 억지로 쓰지 마라
   (글을 쓰거나 맘에도 없는데 억지로 머리를 짜내어 장황한 글을
   ....쓰려고 하지 마라)

3) 새로운 문장을 찾아라 (낯설게 하라)
   (내가 써 놓은 문장에서 너무 일상적인 문체나 진부한 표현은 버려라

4) 사자성어나 철학적 용어를 피한다
   (고사성어 외래어, 고어, 현학적 철학적 용어 등, 삼가는 게 좋다)

5) 평범한 표현은 버려라 (누구나 쓸 수 있는 것 버린다)
   (세월의 무게, 지축을 흔드는, 둥근 달, 푸른 하늘 ...)

6) 체험을 많이 하라 (많이 보고 느끼고 체험하라)

7) 비유법을 많이 동원하다 (직유, 은유, 점층법, 활유법, 의인법 ....)

8) 향기, 멋, 맛, 리듬... 등 시적 감각을 살려라

9) 주제를 너무 많이 드러내지 마라

10) 나만의 창의적인 글을 써라 (이 세상에 없는 글을 써라)
    참고: ─남이 가지 않은 길을 가라 (*이근배 시인님의 가르침)
         ─시를 길게 써라 (*이정록 시인님의 가르침)
         ─깊은 시를 써라 (*이상록 시인의 훈수)

12) 미국 대학입학 준비 절차는?

A) 어학연수 ....

*학생이라면 누구나 한 번쯤
해외 나가서 공부하고 싶어 했을 것이다
미국에 있는 교육기관이나 대학에 정식 입학하려면
우선 어학실력이 해당
교육기관에서 요구하는 영어점수를 먼저 취득해 놓아야 한다
그런 점수를 취득하지 못했다면 먼저 어학연수부터 받는 것이 좋은 길이 될 수 있다 우선 여기서는 어학연수 절차를
어떻게 해야 하는지를 먼저 알아보고
그다음 편에서 대학 입학에 대한 절차를 알아보기로 하자

1, 학기 ... 대학 어학연수는 1년에 봄, 가을 두 번 또는 3학기제, 4학기제로 나누어 볼 수 있다 내가 가고자 하는 대학이 언제 어떻게 무엇을 요구하는지 알아 보는게 우선 순위인데...
인터넷으로 해당기관에 어학연수 자료(Application, Brochure)를 요청한다

2. 수업료... 대학마다 수업료는 각기 다를 수 밖에 없다
    주립, 공립, 사립 등 그 형태에 따라서 대학의 재정 능력에 따라서
    등 상당한 차이가 있음을 본다
    따라서 가고 자 하는 대학에 Email 또는 편지로 자신의 뜻을 밝히고
     해당 대학 어학입학에 관한 자료를 요청하면 거의 100 프로 친절하게
     자료를 보내 준다

2, 요청한 자료를 받았다면 면밀히 검토를 하고 해당 교육기관이 요구하는
    서류를 작성해서 보내면 된다 이때 보내야 할 서류를 다음과같다
    물론 대학에 따라서 약간은 다를 수도 있음

3. 어학연수 기관에 보내야 할 서류:

a) 작성된 원서 (a completed application)
b) 원서 수수료 (an Application fee) ... 학교 마다 천지 차이
   최저 $50 이상으로 보면 될 것 같다
c) 해당 학교 재정 보증서 (a competed Financial Support)
d) 은행 잔고 증명서 1 (Bank balance proof)

4. 이러한 서류는 학기 시작 적어도 4~5개월 전에 미리 미리 준비해서
   보내야 일정에 차질을 빚지 않을 것이다
   모든 교육기관은 원서 마감 날이 (Dead Line) 정해져 있으므로
   미리미리 서둘러 준비하는 버릇을 가져야 한다

5. 어학 연수는 교육기관을 선정함에 있어서 따져 보아할 것은

   첫째 —수업료 둘째 — 기숙사 여부 셋째 — 교육 프로그램
   넷째 —학기 다섯째 — 클라스 학생수 ...등을 자세히 살펴서
   자신의 진로와 경제적 여권에 맞는 학교를 선택하기 바란다
   *broucher 자료 입수는 인터네에 들어가 연수기관을 열람해 보면
    현지 주소나 email 주소로 자료 요청하면 보통 2주안에 해당 자료
    를 받아 볼 수있을 것이다

   (*어학 연수는 1년전 또는 적어도 6개월 전부터 준비한다)

B) 미국 대학입학 절차 ....

1. 입학 준비 ... (Perterson`s Guide to colleges 참조)

미국 대학에 진학하려면 우선 영어를 듣고 충분히 이해할 정도의 실력을
갖추고 있느냐가 관심사이다
따라서 모든 교육기관은 영어 점수를 요구하고 있다
즉, 미국 ETS 영어 교육 평가원에서 실시하는 외국인 영어 평가 점수를
미리 취득해 놓아야 한다 이 시험은 한국에서도 응시할수 있고
자세한 것은 한국 ETS Fullbright 오피스에 전화로 알아 보기를 바란다

보통 이 시험을 Toefl 이라고 하는데...
미국 보통 대학은 500 점 이상, 중상위권 대학은 520 ~ 550점,
상위권 대학은 580 점 이상을 요구하고 있다

이러한 점수를 미리 취득해 놓고 미국 입학하고 싶은 학기 보다
1~2년 미리 준비 하는 것이 바람직 하다고 본다

고교 3년간의 전 성적을 요구하기 때문에 학점 관리를 잘해 두는 것도
입학에 매우 유리 할 수있다

2. 학기 ...

미국의 학기는 크게 가을학기 보통 9월 초,
봄학기 보통 1월 초에 시작한다 입학 지원 마감도 학교마다
다를 수 밖에 없다   빠르면 1년 전에, 또는 6개월 전에 마감하는
경우가 흔하다 따라서 미리미리 서둘러 준비하는 것이 시간에
쫓기지 않고 원하는 학기에 입할 수 있을 것이다

3. 수업료 ...

수업료 역시 대학의 재정과 역사, 공사립, 주립, 경쟁력 등에 따라 천차 만별이라고 볼수 있다
자세하고 정확한 최신의 정보를 얻으려면,
해당 학교에 자료를 요청하면 될 것이다

4. 지원 서류 ...

지원 서류도 대학마다 조금씩 차이는 있을 것이다
보통 공통적으로 요구하는 서류는 아래 같다

a) 원서 (A Completed Application)
b) 3의 추천서 또는 학교 양식
c) 고교 3년간의 성적 및 졸업증명서
d) 전형료 (Application Fees)
e) 재정 보증서 (Affidavit of Support) (또는 학교 양식)
f) 영문 은행잔고 증명서 1
g) Toefl 점수

*위 서류를 모두 갖추어 등기 우편으로 원서 마감전에
 도착 할 수 있도록 하고, 추후 합격 여부는 해당 재량이므로
 충분히 기다려 보면 될 것이다

*마무래도 영어 듣기를 평소에 잘 두어야 좋은 점수를
 기대 할 수 있을 것 같다
 하루 15분 이상 영어 하루도 중단하지 말고 듣기를 꾸준히 한다면
 개인차는 있겠지만 여러분의 꿈은 꼭 이루어
 진다고 믿고 싶습니다

영어 말하기 평가도 들어가니까
평소에 꾸준히 입벌려 말하는 습관을 갖자
이 역시 듣기 못지 않게 중요 하므로 영어로만 말하는 파트너를 물색하는 것이 큰 도움이 될 것 같다

영어로 말 잘하는 지름길은 뭐냐고 누가 나에게 묻는 다면

Listen to
American's dialogue
every day at least for 15 minutes
and then speak with your partner only in English.
Practice speaking English each day.
That will be the best way
to overcoming
your problem.

(*2025 08 12 영어 강사 /시인 이상록)

5. 미국 주요 명문대학

대학 랭킹은
전공과목에 따라 차이가 있으나
일반으로 알려진 세계대학 순위를 보면 대체로 아래와 같다

(*2025년 네이버 인터넷 기사 인용)

1. Harvard University 1위
2. Standford University 2위
3. MIT (매사츄새츠 공대) 3위
4. Columbia University 4위
5. Cornell University 5위
6. Yale University 6위
7. Princeton University 7위
8. University of Pennsylvania 8위
9. George Washington University 9위
10. Universiy of Berkery 10위
11. University of Chicago 11위
12. Cal Tech 12위
13. New York University 13위
14. University of Washington 14위
15. 서울 대학교 (2025년 인터넷 기준으로) 62위

C) 미국 대학원 입학 절차 ....

(*Peterson's guide to Graduate schools 참조)

미국에 소재한 대학원 과정에 입학을 하려면,
우선 해당 대학에 email이나 편지로 자신이 원하는 입학 안내서
Brochure를 입수해야 한다

석사 과정만 따로 하는 경우도 있고 석사 박사 과정을 묶어서
학위를 주는 대학도 있으니 여러 경로를 통해서 자세히 알아보는 것이 자신의 경제적
미래적 상황에 큰 도움이 될 것이다

아무래도 현지에서
공부를 해야 하니 현지 언어가 관건이 될 것이다
거의 모든 대학이 영어 점수 (Toefl)를 요구하고 있다
점수는 보통 550점 이상 또는 570점 이상 하한선을 긋는 대학도 있고
여기에 Gre점수 (일반학과), GMAT(경영대학원)점수 제출을 요구한다

이러한 시험은
한국 지사 Toefl 사무국에 연락해서 응시 절차를 밟으면 될 것이다
학기는 봄학기 (1월초 시작, 또는 3월에 시작 하는 경우도있음) 가을 학기 (보통 9월 전후가 된다)

미국에서 석 박사 과정에
입학 하려는 학생은 적어도 입하 하려는 학기에
2~3년 전부터 미리미리 준비해서 수속을 밟는 것이 현명하다고 볼 수 있다
무조건 초일류 대학만 선호할 게 아니라

자신의 능력과 재정상태를
충분히 고려해서 대학을 선택하는 것이
무엇보다 중요하다고 볼 수 있다

수업료 차이도 대학에 따라 천차만별이다
그리고 또 중요 한 것은 대학의 장학금 정책이 어떻게 되어 있는지도
알아보고 본인 대학 성적이 뛰어나다면
해당 대학에 장학금 신청이 가능한지도 문의 하는 것이 좋을 듯싶다
명문 사립대학 일수록 경쟁이
치열하고 수업료도 엄청 비싼게 사실이다
하지만 그런 대학들은 재정이 탄탄하여 장학금 급여 액수가
또한 많다는 사실, 수업료가 비싸다고 너무 겁 먹지 말고 자신의 학업 성
취도 뛰어 나다면 굳이 피해갈 필요없이 정면으로 도전해 보길 바란다
물론 돈이 필요하지만 세상이 좋아져서 이젠 돈 없어 진학 못했다는 건 다
평계에 불과하다 도전하자! 게르지 말고 부지런히 자신의 길을 꾸준히 걸
어가자 그런 자에게는 반드시 기회는 오는 법
아무것도 안 하면 아무것도
오지 않는다 (There is nothing free.)

* 지원서류는 ...

1. 입학 지원서 (application Form for admission)
2. 대학 4년간의 성적표 (보통 GPA 3.0 이상 요구)
3. 대학 졸업증명서
4. Toefl 성적표
5. Gre 또는 GMAT 성적표
6. 재정 보증서 (해당대학 지정 서류)
7. 은행 영문잔고 증명서
8. 자기 소개서 (영문)
9. 추천서 3인 (교사, 교수, 등으로부터 3인 영문 추천서)
10. 학습 계획서   12. 지원 동기서 ... 등

　　　(※ 입학심사에서 제일 중요한 것은 학교성적과 토플점수이다)
● 여러분의 도전에 행운이 있기를 .... (2025 08 13 이상록 시인/영어강사 제공)

13. 예술의 혼을 담다

이선희 가수님
흑진주 장복순 교수 시인님
석전 김경배 시인님 (부산)
신철 가수 시인님

....

1. 이화정 블랙플 대표님 (Artist)
2. Martin & Julia Rhu (W.Champion)
3. Sinkinson Couple (W. Champion)
4. Linda D.(Choreographer)
5. 금서 정 자두님 (서예가)
6. 롯데주님 (Modern)
7. 선행님 (무용가)
8. 진희님 (Artist)

....

* T.S. Eliot 미국 시인 (극작가)
* Stevenson 미, 교수
* 이상록(엘먼) 시인 / 수필가 (영어강사/영문작가)

*영문 창작 시 ... (엘먼 리)

A Well Side .... Ellmorn Lee (이상록)

I'm on my way to the Streams
    having a yellow mind
        like a skylark that is passing by
            the village and small park...
                A squirrel who is jumping over the bank
                    is throwing a piece of soul toward the waters
            Between the mountain and
    village, people's stories
are flowing, remaining, transforming into a prayer
Between heaven and land, God's languages
    are flying, falling, staying
        on the waters...
                Twinklings
                    Twinklings in the streams according to
            an angel's thought ...
        They are all stars, thousands of sun's sons
    shining, whispering, winking...
There is nobody there,
    I softly sang a song for them
        Claps and applause
           that are following me for a moment
                Am I an another Star of them?
                  Go see the sea
                      There are 1,000 thousands of stars
                      You might be a star of them
                        A star was in a well side also

....

      (* Ellmorn Lee, 한국 시인 이상록 지음, 2025 11 01 오후 1시 10분
        서울에서... 길게 늘어지고 휘어진 잠결, 꿈결에 쓴 시, 한국, 미국
        다른 여러 나라 학생, 시민 여러분의 많은 애독을 바랍니다)

A well side (우물가) .... Ellmorn Lee (이상록 번역)

냇가로 가고 있어요
    노란 마음 가지고
        마을 지나, 작은 공원 지나, 종달새처럼

둑방 하나 점프해 가는 다람쥐
    물 위로 영혼 하나 던지고 있지요

산과 마을 사이
    사람들의 이야기, 흐르다
        머물다
            변해서 기도가 되지요

하늘과 땅 사이
    신의 언어가, 날다
        떨어지다
            머물러 있지요

반짝 / 반짝, 물가에서.... 천사의 생각으로...

그들은 모두 별,
    수천 개의 별, 빛나다
        속삭이다
            윙크하지요

거기엔 아무도 없어요
    난, 그들을 위해 노래 한 곡 불렀지요
        부드럽게...
            잠시 나를 따르는 박수갈채

난, 오늘 그들의 스타일까요
    가서 바다를 보자
        100만개의 별이,
            당신은 그들의 별
                스타는 우물가에도 있었다

---

* 엘먼 리 (이상록 작 / 번역 .... 2025 11월 01일 서울에서......
  길게 휘어진 잠을 자다 꿈결에, 시 한 편을 지어 여기 올립니다)

＊저 높은 곳을 향하여 ....

(＊Photographed on Sep 6 2025)

(＊ Korea Poem Awards Grant on Sep 6 2025)

14. 하늘 은총에 감사하며 ....

언제 어디서
무엇을 하든, 하늘과 땅과
인간 그리고 모든 만물을 지으신 거룩한
하나님의 은혜와 은총이 여러분 모두에게 항상 함께
임하길 빌겠습니다

강원도 양양
현북면 상광정리 샘제산 마을에서
평생 농부의 아들로 흙에 묻혀 살 줄 알았는데......
멀리 미국 유학까지 보내 주신 하늘의 신, 영의 아버지께
한없는 감사를 먼저 올리고 싶다 학교 갔다 집에 돌아오면 공부할
시간을 통 주지 않은 육신의 아버지 때문에 뒷산 대밭이나 묘지 뒤에 숨어
책을 보았다 이를 본 하나님은 나를 측은히 여겼을까 먼 나라
유학까지 시켜주었고 시인이 되게 해 주셨다 육신의
아버지 보다 영의 아버지가 더 좋은 걸
어떻게 하랴 여러분과 여러분의
가정에도 하늘의 축복이 ....

*From the heaven
God bless you, and your family also.
(2025 04 28 저자 이 상 록)

15. 수필가(이상록) 등단에 오르면서...

- 2025년 12월 20일 토요일 12시 30분 중랑 문화원에서
  서울시와 중랑구 그리고 한용운 문학에서 주관하고 그룹 샘 문학에서 주최한
- **한용운 문학상 수필 부문**에 신인상을 받게 되어 2025년 한해는
- 참으로 뜻깊은 한 해가 될 것 같습니다
  (작품: 저 숲속의 그림자 외1편)
- 부족한 저, 시인에 이어 수필가로 등단하게 되어
- 기쁘고 또 한편으로는 책임감도 느낍니다 한국문학 문인으로서 그에 걸맞는
- 품위와 인격도야는 물론 한국문학 발전에도
- 미력하나마 도움이 되는 시인이 될 것을 다짐해 봅니다

- 우선 저를 뽑아주신 한용운 문학회 심사 위원장이신 이근배 이사장 시인님,
- 이정록 한국문학 회장 시인님, 김소엽 이사장 시인님, 손해일 이사장 시인님,
- 공관규 이사장 시인님...등 심사를 맡아주신 여러 선배 시인님께도 깊은 감사와
  존경을 올립니다

- 항상 공부하고 탐구하고 연구하는 시인 이상록이 될 것을 거듭 약속드리며,
  지금까지 먼 달나라에서 말없이 응원해 주시고 계신
  육신의 아버지 어머니, 그리고 은하계에서 번개같이 찾아와 주야
  도움 주시며 보살펴 주시는 영의 아버지,
  "내가 이 세상을 지었노라고" 말씀하신 하나님 여호와 아버지께
  큰 감사와 영광을 올려 드립니다
  영의 아버지 덕분에 날마다 기쁘고 행복 —
  저도 어려운 이웃을 돕는 시인이 되겠습니다
  시인이며 수필가 된 저, 이상록에게 분에 넘치는
  두 개의 메달을 목에 걸어 주신 하나님께 다시 한번 감사 보고드리며
  독자 여러분에게도 이 기쁨 함께하고 싶습니다

(*2025 10 22 서울에서.... 이상록)

16. 시집 — 4, 마무리 하면서 ....

이번 추석에도
보름달은 뜨지 않았다

지난 5월 5일 어린이날에도
음력 4월 초 8일에도 태양은 보이지 않았다

아주 아주
중요한 어린이날, 석가 탄신일, 그리고 추석
보란 듯이 사람의 마음과는 다르게
하루 종일 비가 왔다

1년에 한 번인
이날만큼은 맑은 날이었으면 얼마나 좋았을까
어린이날과 석가 탄신 일은 2년 연속 비가 왔다

내년이 궁금하다
또 그릇치는 날이 될까
기도 발이 아주 센 선지자가 아니고서야
이 문제를 해결할 자는 없어 보인다

먼 옛날
하늘에 떠가는 태양을
잠시 멈추게 한 역사적 사실을 나는 기억하고 있다

한 개인의 사정에 따라
이렇게 저렇게 자연 현상이나 하늘의 뜻이 바뀐다면
이 또한 얼마나 두려운 일인가

다행히도
하늘은 그런 개인적 기도에 따르는 것 같지 않아 보인다

10월 초순이 지난
이 가을에도 비는 이틀이 멀다하고
가랑비 맞으며 들에서 일하는 농부의 마음 같이 오고 있다
장마비 하면 좋을 텐데…
사이 ㅅ 을 넣어야 한다는 한국 국어학회의 고집에 내 얼굴에
핀 웃음꽃 하나 둘 힘없이 떨어지고 있다
누가 보상해 주나
보약보다 좋은 내 웃음을…

이 세상에서 가장 오래 산 사람은
무드셀라이고 그의 나이 969살까지 살다 육신은 땅에 두고
영혼은 하늘에 던져졌다 지금은 아주 오래 살아 봤자
이 땅의 사람은 120세를 넘지 못한다
우리는 이 한시적 인생에서 어떻게 살아가고 또 무엇을 남길 것인가를
한 번쯤은 고민해 봐야 한다

비가 온다 안 온다
달이 있다 없다 / 태양이 뜬다 안 뜬다

이런 말은 맞기도 하고 틀리기도 하다
아주 높은 곳에서 보면 이런 것은 다 사람들의 생각일 뿐
아무것도 아닐 수도 있다 나는 황소를 좋아한다
열심히 일하는 황소는 밥 굶는 일은 없다
밥 달라고 떼쓰는 황소도 없다
힘이 세다고 뿔로 들이받는
일도 없다

그저 주인님 시키는 대로
꾸준히 열심히 충성을 다할 뿐이다

요즘
사람의 주인도 모르면서 사는 사람이 얼마나 될까

젊은 세대들, 약고 약은 잔꾀에 능한 자들...
어른 앞에서 예의도 겸손도 양보도 찾아 볼수 없다
마시던 커피, 콜라 빈 플라스틱 병을 의자에 놓고 몸만 버스에 달랑
오른다 양심은 어디 두고 사는가 공중 도덕은 찾아 볼 수었다
지하 차고 앞에서도 그렇게 행동한다
버리는 사람 따로 있고
치우는 사람 따로 있는가

모두가 주인이고
모두가 왕자이고 모두가 공주인 젊은 세대여!
나라 장래가 깜깜해 걱정이란다

영국 속담에 "매를 아끼면 자식을 버린다"
("Spare the rod, and spoil the child.")
라는 말이 있다 이것도 이젠 옛말이 된 것 같다
아이들에게 충고, 책망, 야단도 못하게 하는 그놈의 인권 조항이 뭐길래 ...
스승은 없고 눈치 쟁이만 있는 것 같아 슬프다
오냐 오냐 귀하게만 여기다가.......그 끝은 절벽 아닌가 출산 절벽, 예절 절벽, 애국 절벽...
미국 어느 허름한 시냇가 다리 밑을 지날 때
이런 말이 들려왔다

Be a man !   Be a man.   Be a man ....

(*2025 10 11 서울에서... 이상록 시인. 수필가 / 영어강사)

17. 작가 프로필

이 상 록

* 시 인 / 수 필 가

1. 영어강사
2. 미국 11년 거주
3. 강원도 양양 태생
4. 현북 초 중 고교, 양양고교,
   청주 사범대학, 외대 eMBA,
   미, 컬럼비아대학 영어 물결에서
   헤엄치다 시인이 되다

5. **시** 등단 (2024) / **수필가** 등단 (2025 12 20 一수필 신인상))
6. 시 신인상 수상 (2025), *한국문학 시 특선상 (2025)
7. 시집 1 (처음 본 달) * 시집 2 (산 너머 진달래)
8. 시집 3 (능소화 피는 날) *시집 4 (뉴욕으로 간 뻐꾸기)
9. 샘 문학 회원/*시집 5 (맨하탄 달빛 여인)
10. 동대문 문화원 회원
11. 한국문학 회원
12. 한용운 문학 회원

지은이 이상록 (양양시인)

....

편집 이승빈
마케팅·지원 이창민
표지 디자인, 편집 및 교정 이상록
펴낸이 문현광
이메일 haum1000@naver.com
홈페이지 haum.kr
블로그 blog.naver.com/haum1000
인스타 @haum1007
ISBN 979-11-7374-239-2(03810)
출판사 하움출판사
판매가 20,000원
1판 1쇄 발행 2025년 11월 18일

좋은 책을 만들겠습니다.
하움출판사는 독자 여러분의 의견에 항상 귀 기울이고 있습니다.
파본은 구입처에서 교환해 드립니다.

이 책은 저작권법에 따라 보호받는 저작물이므로 무단전재와 무단복제를 금지하며,
이 책 내용의 전부 또는 일부를 이용하려면 반드시
저작권자의 서면동의를 받아야 합니다.